中国
史话

近代经济生活系列

禁烟史话

A Brief History of Opium Ban in China

王宏斌 / 著

社会科学文献出版社
SOCIAL SCIENCES ACADEMIC PRESS (CHINA)

图书在版编目（CIP）数据

禁烟史话/王宏斌著．—北京：社会科学文献出版社，2012.1
（中国史话）
ISBN 978 – 7 – 5097 – 2935 – 9

Ⅰ．①禁…　Ⅱ．①王…　Ⅲ．①禁烟运动－史料－中国　Ⅳ．①K253.906

中国版本图书馆 CIP 数据核字（2011）第 253864 号

"十二五"国家重点出版规划项目

中国史话·近代经济生活系列

禁烟史话

著　者／王宏斌

出 版 人／谢寿光
出 版 者／社会科学文献出版社
地　　址／北京市西城区北三环中路甲 29 号院 3 号楼华龙大厦
邮政编码／100029

责任部门／人文科学图书事业部（010）59367215
电子信箱／renwen@ssap.cn
责任编辑／赵子光　赵　亦
责任校对／吕伟忠
责任印制／岳　阳
总 经 销／社会科学文献出版社发行部
　　　　　（010）59367081　59367089
读者服务／读者服务中心（010）59367028

印　　装／北京画中画印刷有限公司
开　　本／889mm×1194mm　1/32　印张／5.875
版　　次／2012 年 1 月第 1 版　　字数／115 千字
印　　次／2012 年 1 月第 1 次印刷
书　　号／ISBN 978 – 7 – 5097 – 2935 – 9
定　　价／15.00 元

总　序

　　中国是一个有着悠久文化历史的古老国度，从传说中的三皇五帝到中华人民共和国的建立，生活在这片土地上的人们从来都没有停止过探寻、创造的脚步。长沙马王堆出土的轻若烟雾、薄如蝉翼的素纱衣向世人昭示着古人在丝绸纺织、制作方面所达到的高度；敦煌莫高窟近五百个洞窟中的两千多尊彩塑雕像和大量的彩绘壁画又向世人显示了古人在雕塑和绘画方面所取得的成绩；还有青铜器、唐三彩、园林建筑、宫殿建筑，以及书法、诗歌、茶道、中医等物质与非物质文化遗产，它们无不向世人展示了中华五千年文化的灿烂与辉煌，展示了中国这一古老国度的魅力与绚烂。这是一份宝贵的遗产，值得我们每一位炎黄子孙珍视。

　　历史不会永远眷顾任何一个民族或一个国家，当世界进入近代之时，曾经一千多年雄踞世界发展高峰的古老中国，从巅峰跌落。1840 年鸦片战争的炮声打破了清帝国"天朝上国"的迷梦，从此中国沦为被列强宰割的羔羊。一个个不平等条约的签订，不仅使中国大量的白银外流，更使中国的领土一步步被列强侵占，国库亏空，民不聊生。东方古国曾经拥有的辉煌，也随着西方列强坚船利炮的轰击而烟消云散，中国一步步堕入了半殖民地的深渊。不甘屈服的中国人民也由此开始了救国救民、富国图强的抗争之路。从洋务运动到维新变法，从太平天国到辛亥革命，从五四运动到中国共产党领导的新民主主义革命，中国人民屡败屡战，终于认识到了"只有社会主义才能救中国，只有社会主义才能发展中国"这一道理。中国共产党领导中国人民推倒三座大山，建立了新中国，从此饱受屈辱与蹂躏的中国人民站起来了。古老的中国焕发出新的生机与活力，摆脱了任人宰割与欺侮的历史，屹立于世界民族之林。每一位中华儿女应当了解中华民族数千年的文明史，也应当牢记鸦片战争以来一百多年民族屈辱的历史。

当我们步入全球化大潮的 21 世纪，信息技术革命迅猛发展，地区之间的交流壁垒被互联网之类的新兴交流工具所打破，世界的多元性展示在世人面前。世界上任何一个区域都不可避免地存在着两种以上文化的交汇与碰撞，但不可否认的是，近些年来，随着市场经济的大潮，西方文化扑面而来，有些人唯西方为时尚，把民族的传统丢在一边。大批年轻人甚至比西方人还热衷于圣诞节、情人节与洋快餐，对我国各民族的重大节日以及中国历史的基本知识却茫然无知，这是中华民族实现复兴大业中的重大忧患。

中国之所以为中国，中华民族之所以历数千年而不分离，根基就在于五千年来一脉相传的中华文明。如果丢弃了千百年来一脉相承的文化，任凭外来文化随意浸染，很难设想13亿中国人到哪里去寻找民族向心力和凝聚力。在推进社会主义现代化、实现民族复兴的伟大事业中，大力弘扬优秀的中华民族文化和民族精神，弘扬中华文化的爱国主义传统和民族自尊意识，在建设中国特色社会主义的进程中，构建具有中国特色的文化价值体系，光大中华民族的优秀传统文化是一件任重而道远的事业。

当前，我国进入了经济体制深刻变革、社会结构深刻变动、利益格局深刻调整、思想观念深刻变化的新的历史时期。面对新的历史任务和来自各方的新挑战，全党和全国人民都需要学习和把握社会主义核心价值体系，进一步形成全社会共同的理想信念和道德规范，打牢全党全国各族人民团结奋斗的思想道德基础，形成全民族奋发向上的精神力量，这是我们建设社会主义和谐社会的思想保证。中国社会科学院作为国家社会科学研究的机构，有责任为此作出贡献。我们在编写出版《中华文明史话》与《百年中国史话》的基础上，组织院内外各研究领域的专家，融合近年来的最新研究，编辑出版大型历史知识系列丛书——《中国史话》，其目的就在于为广大人民群众尤其是青少年提供一套较为完整、准确地介绍中国历史和传统文化的普及类系列丛书，从而使生活在信息时代的人们尤其是青少年能够了解自己祖先的历史，在东西南北文化的交流中由知己到知彼，善于取人之长补己之短，在中国与世界各国愈来愈深的文化交融中，保持自己的本色与特色，将中华民族自强不息、厚德载物的精神永远发扬下去。

《中国史话》系列丛书首批计 200 种，每种 10 万字左右，主要从政治、经济、文化、军事、哲学、艺术、科技、饮食、服饰、交通、建筑等各个方面介绍了从古至今数千年来中华文明发展和变迁的历史。这些历史不仅展现了中华五千年文化的辉煌，展现了先民的智慧与创造精神，而且展现了中国人民的不屈与抗争精神。我们衷心地希望这套普及历史知识的丛书对广大人民群众进一步了解中华民族的优秀文化传统，增强民族自尊心和自豪感发挥应有的作用，鼓舞广大人民群众特别是新一代的劳动者和建设者在建设中国特色社会主义的道路上不断阔步前进，为我们祖国美好的未来贡献更大的力量。

陈奎元

2011 年 4 月

⊙王宏斌

作者小传

王宏斌，男，河南省洛阳市人，1954年生，先后毕业于河南大学、中山大学历史系，获历史学博士学位，现为河北师范大学二级教授、博士、硕士研究生导师。2004年被评为河北省有突出贡献的中青年专家，2007年被评为河北省省管优秀专家，2010年被评为国务院特殊津贴专家，兼任中国史学会理事，河北历史学会副会长等职务。主要论著有《晚清货币比价研究》、《近代中国价值尺度与鸦片问题研究》、《禁毒史鉴》、《日本侵华毒品政策五十年》、《赫德爵士传》、《清代前期海防思想与制度》、《晚清海防思想与制度研究》、《晚清海防地理学发展史》等。

目 录

一 鸦片源流问题

鸦片对中国社会造成严重危害始于清朝嘉庆、道光年间，而在此以前鸦片问题早已出现，并且引起过轩然大波。这里，先谈一下鸦片的源流问题。

鸦片的产地与品种

鸦片是从一种叫做罂粟的植物果实中取出的。罂粟，又称罂子粟，为一年生或两年生草本植物，一般在9月播种，秋天发芽，越冬生长，第二年夏季开花，秋天结实。在亚热带地区一年四季均可播种。全株无毛，叶为长圆形，或长卵形，基部抱茎，边缘有缺刻，长宽一般不超过5～7厘米；花型较大，单生枝顶；萼片二枚，花开即落；花瓣四片，有红、紫、白等颜色，具有观赏价值；果实为球形，或椭圆形，籽粒小而多，适宜温湿地带种植，无论土地肥瘦，均能生长。

罂粟原产于西南欧和小亚细亚。在古代希腊的诗歌和其他文献中曾多次提及罂粟花的种植情况，而且在民间还流传着一个美丽动听的故事。相传在一个炎

1

热的夏日，司谷女神吉利斯出外旅游，路经一户农家，听说主人的幼儿得了重病，善良的女神不顾疲劳，到麦田里采了一束罂粟花，交给农妇，让她捣成花浆，和着乳汁喂下，这个小孩的病立即奇迹般地痊愈了。人们为了纪念这件事，在希腊人雕刻的神像中，便让司谷女神吉利斯手持一束盛开的罂粟花。

罂粟的种植技术逐渐由西向东传播。阿拉伯人至少在公元6世纪前后开始栽培罂粟，7世纪时中国人也学会了种植方法，日本人在15世纪开始种植。20世纪初期，墨西哥的山区开始盛开罂粟花，接着厄瓜多尔、秘鲁等国也开始种植。19世纪以来，就世界范围来讲，亚洲是罂粟的主要产地，欧洲部分地区和中美洲的一些国家也大量种植罂粟。亚洲种植罂粟的国家有印度、土耳其、伊朗、中国、阿富汗、日本和缅甸等。

鸦片分为生、熟两种：生鸦片系由罂粟花子房内取出的汁浆自然凝结而成。每年七八月间，罂粟花谢半月结成青苞，午后以大针刺其外面青皮三五处，白色乳状黏液从果内渗出，次日清晨以竹刀刮收，阴干，变为褐色块状物。因气候、土壤条件的不同，有的则呈黑色。这种未经进一步加工的自然收取的凝结物叫生鸦片。熟鸦片是一种棕色的黏性液体，由生鸦片原料加工而成。加工方法有溶解、煎熬、发酵和滚沸等几种。熟鸦片的质量一般以所含吗啡成分的多少而定。例如伊朗所产鸦片含吗啡约15%，中国所产鸦片含吗啡仅有9%左右。所含吗啡成分较高者价值较高，反之则低。

19 世纪以来，输入中国的鸦片主要来自印度、土耳其、伊朗和孟加拉。公班土，又称乌土，来自印度的巴特拿地区；刺班土，又称姑泥，产自印度的贝拿勒斯地区；白皮土产自印度的马洼地区；金花土产自土耳其；新山土，又称红肉，产自伊朗。中国自 19 世纪下半叶到 20 世纪上半叶也广泛种植罂粟，所产鸦片因产地不同而名称各异。产于云南的叫"南土"，产于四川的叫"川土"，产于甘肃、山西的叫"西土"，产于滁州的叫"滁土"，等等。

以鸦片为原料，可进一步加工成高级药剂和药粉，主要有吗啡和海洛因。吗啡为鸦片的主要成分之一，由生鸦片进一步加工而成白色结晶性粉末，化学分子式为 $C_{17}H_{19}O_3N \cdot H_2O$，通常作为针剂注入人体起麻醉镇痛作用。19 世纪末和 20 世纪上半叶，生产吗啡的主要国家有：法国、德国、英国、印度、意大利、荷兰、瑞典、美国、日本、俄国，其中以德国产量为最大。中国是被限制生产吗啡的国家。海洛因由吗啡与双醋酸等混合制成，白色晶体，化学分子为 $C_{21}H_{23}NO_5$。1898 年由德国人发明，又名底埃西特吗啡。海洛因可以治病，主要用于治疗呼吸困难等症，通过刺激神经中枢，使患者精神亢奋。其药效与毒性较吗啡高数倍。海洛因在华北通常称为"白面"，在江浙地区称为"老海"。20 世纪上半叶主要生产国有：法国、德国、英国、意大利、瑞典和日本。旧中国的贩毒帮会也曾私设地下工场，小规模生产。

鸦片的医药功能与毒性

鸦片作为麻醉药品，具有神奇的疗效。鸦片的主要成分为生物碱，按化学结构和作用可以分为两大类：一类以吗啡、可待因及蒂巴因为代表，具有镇痛麻醉作用，主要作用于神经系统，疗效显著，而极易成瘾；另一类包括罂粟碱、诺司咳平（即那可丁）等，无麻醉镇痛作用，能松弛平滑肌。目前医药学虽有长足进步，生产了多种麻醉合成代用品，而缓解剧痛仍然离不开鸦片的主要成分吗啡。鸦片生物碱临床用于镇痛时，可以口服，可以注射，也可以灌肠。鸦片对于泻肚、痢疾、咳嗽、哮喘、肠胃蠕动等症疗效十分显著。所以，鸦片作为一种珍贵的药品，只要使用得当，可以保护人类的身体健康。在漫长的历史长河里，鸦片所起的积极作用是主要的。

然而，鸦片作为麻醉性极强的药品，由于使用不当，极易成瘾和中毒，对于人类健康也有很大损害。过量吞服鸦片、注射吗啡针剂和长期吸食鸦片烟，容易引起中毒症。鸦片中毒通常分为急性与慢性两种。无论是急性还是慢性中毒，经过解剖尸体检验，都发现神经中枢发生了病变。急性鸦片中毒，通常使脑细胞大量坏死，变为胶质，其他脏器亦常出血或充血；慢性鸦片中毒，会引起脑细胞脂肪化，脑组织逐渐损坏，肝、肾、心肌组织亦常出现脂肪性病变，身体个别部位出现淤血、出血和水肿。一般说来，无论采用哪种方法服用鸦片或吗啡，都会相应引起毒副作用。所以医家治病，应当尽量避免长期或过量使用。反复数次吞食生熟鸦片，反复注射吗啡针剂，或长期吸食鸦片烟、海洛因都会成瘾。所谓成瘾，就是成为一种特殊的癖好。有人认为成瘾的主要原因是，鸦片作为麻醉品可以刺激脑下皮质，提起精神，使人出现快感。反复使用，脑组织机能受到损伤，导致精神疲乏，需要重新服食鸦片等，才能恢复神经系统的机能。否则，心神不宁，烦闷异常，形容枯槁，脸色焦黄，喷嚏哈欠频作，涕泪满面。所以一旦成瘾之后，不但不能停服停吸，反而要逐渐增加用量，才能恢复常态。因此，瘾君子服食毒品用量逐渐增大，吸食频率愈来愈高，毒性的浸入日益加重。久而久之，精神颓唐，体质孱弱，寿命缩短。长期服食鸦片、吗啡、海洛因等毒品等于慢性自杀。

长期服食鸦片、吗啡、海洛因等毒品对于人的身心健康有着严重损害。这一点不仅早已被东西方医学所证明，而且普遍为社会所公认，即使是那些深深染上毒瘾的人们对此也十分明白。那么，为什么瘾君子不痛下决心，自重自爱，保护身体呢？那些贫穷的吸食者为什么终日辛苦，不顾家境困顿，甚至卖妻鬻子，图得一呼一吸？那些官绅富豪为什么要把几代聚敛的财富大笔大笔地花在吞云吐雾、耗财害命的毒品上？那些羽扇纶巾儒雅之士为什么口头上对鸦片表示深恶痛绝，而又在家设立密室享受上等进口鸦片呢？那些妙龄女郎为什么不惜出卖肉体，甘愿接受毒魔的控制？这些问题显然不能用病理需要而被动成瘾来解释。

鸦片等麻醉品不仅使患者暂时解除肉体上的疼痛，而且可以使服食者暂时忘记尘世的忧愁和烦恼，得到一种莫可名状的快感，产生奇妙的梦幻。也正是这种肉体的快感和奇妙的梦幻，诱使许多人极力追求毒品。晚清的一位鸦片瘾君子的体会是："盖当瘾之发也，凡吾目中所见者，无非愁云惨雾，苦雨凄风。及其吃到痛快淋漓之后，天怀畅适，爽气拂拂于眉宇间，此其时在在皆景星庆云，光天化日。噫！大地山河之变态，造物不得而主之，斯人哀乐之情形，天君不得而操之。"鸦片成为吸食者的上帝，快乐的源泉，鸦片成为吸食者人生追求的最重要的目标。叩问一下瘾君子的感受，他们说：

"吸烟使我乐而忘忧"。

"吸烟使我得到极大快乐和安慰"。

"吸了鸦片，使我觉得世事一无可虑，只觉快乐"。

"注射了吗啡使我乐不思蜀，顿生一种满足感"。

"吸了鸦片能使人骤长精神，使人恣其所欲"。

"服用了海洛因，使人飘飘欲仙，其乐无穷"。

"服用鸦片使人产生灵感，增加智慧，出现奇妙联想"。

从以上这些回答中，可以看出吸食毒品者能够获得一种非常奇妙的快感，正是这种快感诱使人们陷入毒魔之手。

⒊ 吸食鸦片方法的发明

鸦片的医疗作用早在公元前 5 世纪已经被人类发

现。希腊医学始祖希波克拉底（约公元前 460～公元前
377）称其为 δπos unkwros，后来由 δπos（汁液）演变
为希腊语之 öπwr 和拉丁语之 opium。鸦片的英语名称
是 opium，德语为 mohusaft，意大利语为 oppia，都源自
希腊语和拉丁语。中文的鸦片、雅片、阿片、阿扁等
名，是英语 opium 的译音。中世纪的阿拉伯人转称
öπwr 为 afyûn，传入波斯变为 abyum 或 apyum。现在保
加利亚的 afion，塞尔维亚的 afyblm，土耳其的 afyun，
皆源自阿拉伯语 afyûn。印度语中的 ufeem 似乎亦译自
阿拉伯语。中文的阿芙蓉、亚荣、合浦融，即为阿拉
伯语 afyûn 的音译。

　　17 世纪以前，世界各地服用鸦片的主要方法是吞
食，或者吞服单纯的鸦片，或者混以其他药剂，或者
煎为汤药。吸食鸦片是从吸食烟草的方法发展而来的。
西班牙人作为新大陆的发现者和开发者，很快学会了
土著印第安人吸食含有尼古丁的烟草的方法，并将这
种方法带到了东方殖民地——菲律宾（吕宋岛），又传
播到了中国的沿海地区，福建的漳州、泉州和台湾的
一部分居民最先学会了吸食烟草方法，并向内地传习。
明末清初的中国政府对于吸食烟草相当厌恶，多次下
令禁止，但无成效。这种吸食烟草方法的传播为吸食
鸦片方法的发明做了初步的准备。接踵西班牙人东来
中国的荷兰殖民者，于 1624 年占领台湾，他们把爪哇
人盛行的烟草与鸦片拌和吸食的方法带到了台湾。这
种混合吸食烟草与鸦片的方法经由厦门传播到中国沿
海各省区。

德国医生甘伯佛耳在康熙年间著书记载了这种混合吸食方法流行的情况:"咬嚼巴黑人吞服之外,复有一以黄烟和鸦片之法,先取水入阿片中搅匀,以是水拌黄烟,竟吸取,其能使头旋脑热,志气昏惰,而多生喜乐也。"这里所说的咬嚼巴,一作葛喇巴,系爪哇的一座城市。根据记载,清朝前期人们把这种鸦片与烟草的拌和品叫做"鸦片烟"。1724 年,一位参与镇压台湾朱一贵起义的清朝官员在治台方略中正式提出禁止"鸦片烟"。正是由于发现这种吸食"鸦片烟"的恶习迅速蔓延,出于道德风俗的考虑,清廷于 1729年正式颁布了中国第一道查禁自己的臣民贩卖"鸦片烟"的禁令,规定:"凡兴贩鸦片烟,照收买违禁货物例,杖一百,枷号一月;再犯,发近边充军。私开鸦片烟馆,引诱良家者,照邪教惑众律,绞监候;为从杖一百,流三千里;船户、地保、邻佑人等俱杖一百,徒三年;如兵役人等借端需索,计赃照枉法律治罪;失察地方文武各官并不行监察之海关监督,均交部严加议处"。

这道禁令所禁止的"鸦片烟"是指烟草与鸦片的拌和物,而非单纯的鸦片,这可以从以下事实中得到证明。1729 年 3 月,因清廷要求各地查禁"鸦片烟",漳州知府李治国收缴福州商人陈远鸦片 33 斤,按照兴贩"鸦片烟"条例,拟将陈远枷号一月,发近边充军。陈远不服。当这一案件申报到福建巡抚衙门时,巡抚刘世明便命人当场认验,结论是"验得此系鸦片,熬膏药用的,又可做鸦片丸医治痢疾,这是并未做成烟的鸦片"。刘世明据此上奏说："夫鸦片为医家需用之药品，惟加入烟草始淫荡害人，为干犯例禁之物。李治国何得设计诱出陈远家藏鸦片，便以鸦片烟之例问拟枷号、充军，错混施行，甚属乖谬。法应照依故入人罪，列款题参"。但随后刘又建议为便于禁令贯彻，拟将错就错，将 33 斤鸦片收存藩库。这通奏折送达御案后，雍正皇帝非常重视，立即批示将 33 斤鸦片退还陈远本人。从这一案件的处理结果来看，当时禁止的是"鸦片烟"，而不是鸦片。显然"鸦片烟"与"鸦片"是两种东西。"鸦片烟"是烟草与鸦片的拌和物，是二者的合称；单纯的鸦片是特效药材，是允许贸易的，不在禁止之列。正是由于二者概念不同，我们才能理解雍正、乾隆时期清廷为什么一面允许海关进口鸦片，一面又在国内查禁"鸦片烟"的政治措施。至于"鸦片烟"与"鸦片"在晚清演变为同一概念，那是词义变化的结果。通过陈远冤案的平反，还可以看出，当时单纯吸食鸦片的方法尚未发明，尚未造成社会危害。假如当时单纯吸食鸦片的方法已经发明，并表现出一定的社会危害，清廷也就没有必要为鸦片商平反了。

混合吸食烟草与鸦片的方法，大约在荷兰人一占领台湾就传入了，到康熙年间，这种吸食习惯已在江南地区盛行。到乾嘉时期，单纯吸食鸦片法发明之后，迅速取代了混合吸食方法。1793 年，马戛尔尼使节团来中国时，还看到清朝官员在混合吸食鸦片与烟草。单纯鸦片吸食法发明之后，直接从混合吸食中承袭了两个非常重要的名词——"鸦片烟"和"鸦片烟馆"，不过，它们的词义已有很大变化。"鸦片烟"成为鸦片的同义词，"鸦片烟馆"也不再是炮制鸦片与烟草混合物的场所，变为专供人们消费鸦片膏的毒窟。

利用烟枪单纯吸食鸦片是一种比较独特的消费毒品方法，主要流行于中国，其他国家和地区很少采用。中国人单纯吸食鸦片的方法是：先把生鸦片放在锅里，加水熬成黏液，然后分别倒在小银罐中，以一尖头平尾的银签沾些鸦片汁在灯上烘烤，直到汁液干涸，再沾些鸦片汁烘烤，如此反复多次，直到签尖累积成一个小球，这小球叫做"烟泡"。烟泡烧好后，把它放在一尺多长的竹制烟枪末端的铜质烟斗中的尖嘴上，尔后将烟斗部分置于带有玻璃罩的灯火上烧烤，待烟泡化成烟时，将其全部吸入腹腔，躺在卧榻上静静地享受。如此反复数次，直到满足为止。这种吸食法需要一整套程序和一整套包括烟灯、烟枪、烟盘、烟签、烟膏盒、烟灰缸在内的工具。

单纯吸食鸦片法的发明，导致吸食毒品的恶习在中国迅速蔓延，难以遏制，毒品需求量越来越大，这在鸦片流毒史上是一相当重要的事件。由于史籍记载简陋，过去人们对此很少研究，认为是一个无从查考的问题。由于无法确切地指出单纯吸食鸦片法发明的时间和地点，只好笼统地说是在混合吸食鸦片与烟草基础上发明的。如前所述，拌和吸食的"鸦片烟"，是把鸦片切成碎末，放入水中搅匀，然后把切成丝的烟草放入鸦片水中搅匀烘干而成。这种炮制方法如同将香料加入烟丝一样较为简单，吸食工具也不复杂，无需烟灯、烟盘、烟签、烟榻、烟灰缸、烟枪、烟膏盒之类。单纯吸食鸦片的工序和工具都相当复杂，所以很难想象单纯吸食法是从混合吸食法中直接发展而来的。

虽然目前尚不知单纯吸食法是怎样出现的，但能够证明此法发明于乾隆中后期，盛行于乾嘉之际的文献资料很多。浙江绍兴一位大儒在其《梦厂杂著》中说："鸦片出海外诸国……其物如马粪，色微绿，以水浸之，凡三宿三易水，去渣存汁，而先后出者递为高下，微火炼之成膏，如医家所用以敷人疱毒者，分之丸如粟粒，置灯檠于床，持竹筒如洞箫者，横卧而吸。其烟必两人并卧，传筒互吸，则兴致倍加。其烟入腹能益神气，彻夜无倦色。然若连朝不辍，至数月后，则浸人心脾，每日非如期呼吸则疾作，俗呼为瘾。瘾至其人涕泪交横，手足委顿不能举"。这里对单纯吸食鸦片的方法、煎熬的程序以及产生的危害描写得相当准确。此书成于1800年（嘉庆五年）以前，可见单纯吸食鸦片法在乾嘉之际已为人熟知。萧令裕在他的《粤东市舶论》中说："其吸食（鸦片）也，镶竹为管，或磁，或银，挑烟于盒，就灯而吸，倚枕侧眠，盖自乾隆末年始，嘉庆初食者渐多，至今日而家喻户晓，俗不可挽"。这些资料说明单纯吸食鸦片法流行于乾隆中后期。

另外，进口鸦片数量的变化，也可以证明单纯吸食法开始流行于乾隆中期以后，因为在1765年（乾隆三十年）以前，每年进口的鸦片不过 200 箱。乾隆中期以后，随着单纯吸食鸦片法的发明和流行，国内鸦片需求量迅速增加，英国东印度公司瞄准这个机会，扩大对华鸦片输入，1795 年前后达到每年三四千箱的水平。从 1765 年到 1795 年 30 年间鸦片输入量的激增，可以看出单纯吸食鸦片法一旦发明，便迅速蔓延。反过来说，鸦片进口量的激增，正好说明单纯吸食鸦片法发明并流行于乾隆中后期。

鸦片早期贸易

外国鸦片输入中国，开始于唐太宗统治时期，但数量很小，是作为珍奇的贡品输入的。明朝中后期，鸦片作为珍贵的药材在市场上可以自由出售。成化年间人们在市场上看到的鸦片价格如同金价。15 世纪的中国市场上鸦片价格昂贵，可能与鸦片进口数量不大有关。到了 16 世纪，药用鸦片贸易有所发展，作为一项经常进口的商品已经载入税则。《明会典》所载《陆饷货物税则例》规定："鸦片每十斤税银二钱"。这项税则制定于 1589 年。它说明鸦片已成为大宗的经常性贸易品，因为一项税则不可能针对一次偶尔的少量货物来制定。1615 年明朝政府制定《货物抽税现行则例》，将鸦片入口税改为"每十斤税银一钱七分三厘"。这足以说明明朝中后期鸦片成为经常性的进口商品。这一时期，每年需要从国外进口多少鸦片，还没有确切的统计。明朝中后期来中国的鸦片商可能有阿拉伯人和印度人，但为数不多。主要的鸦片商是葡萄牙人，特别是他们用诡计窃取澳门之后，澳门很快成为鸦片进入中国内地的中转站。因此，马士说："开始流入中国的外国鸦片，是葡萄牙人从卧亚和达曼贩运来的"，有一定道理。

明末鸦片进入中国，还有另外一种方法，即作为贡品出现在紫禁城中。阿拉伯国家或东南亚国家的一些使臣，为了表达对中国的友好感情，通常携带一些珍贵的物品，献给中国的皇帝。据《明会典》记载，爪哇、暹罗等都贡有"乌香"，乌香就是鸦片。暹罗一次进贡达"二百斤"。由此可见，明朝皇宫已与鸦片有了不解之缘。有人认为万历皇帝朱翊钧晚年废朝，不理政事，大概是沾染上了吞服鸦片的癖好。1958年发掘定陵地宫，经过科学方法的化验，证明万历皇帝的骨骼内确实含有吗啡，说明这位中华大帝国的最高主宰者的确是个吞服鸦片的瘾君子。皇帝如此，皇亲贵族、王公大臣上行下效，吞服鸦片的恶习开始于最高统治集团内部。当时，由于进口鸦片的数量不多，国内也很少生产，社会危害自然不很严重。

清朝在政治上沿袭明朝旧制。初期由于政治上的需要，实行封关禁海政策，不准内地商民船只与外洋接触。攻占台湾以后，于1685年下令开放海禁，允许外国人在云台山（今连云港附近）、宁波、漳州、澳门贸易。鸦片作为贵重药材允许进口。1688年规定鸦片进口税"每百斤征税银三两，又分头银二两四钱"。这时，混合吸食鸦片与烟草的方法已在中国沿海地区流传蔓延，鸦片消费量稳步增加，每年进口的鸦片约在 200 箱上下。清政府目睹吸食"鸦片烟"恶习的迅速蔓延，出于道德方面的考虑，颁布了中国第一道禁止贩卖"鸦片烟"令，即禁止烟草加入鸦片的混合物。

二 可耻的鸦片输入者

自唐代始,鸦片传入中国已有 1000 多年的历史,作为珍贵的药物,它在中国医学史上曾经起了很大的积极作用,吞服鸦片制的药丸虽不可避免地产生过一些副作用,但可以肯定在中国古代社会危害不大。鸦片对中国造成巨大危害主要是在单纯吸食鸦片方法发明之后。单纯吸食鸦片方法的发明大致是在乾隆中期的广东,随着这种吸食风气的迅速蔓延,国内鸦片需求量急剧增大。英国东印度公司看准了机会,对印度鸦片生产实行垄断,向中国大力发动鸦片进攻。东印度公司是殖民强盗,中国的腐败官吏是为虎作伥的烟鬼。历史的发展,好像是首先要麻醉这个国家的人民,然后才有可能把他们从历史的麻木状态中唤醒似的。

东印度公司垄断鸦片贸易

为了适应资本扩张的需要,战胜海上霸主之后,英国便积极由海路向东扩张。1591 年英国人抵达印度,1600 年便成立了东印度公司,此后逐渐发展成为垄断东方殖民地贸易的庞大公司。它既拥有雄厚的资本，又拥有大批的武装力量。它的活动范围名义上限于印度半岛，实际包括了整个亚洲。这个公司以租赁的方式使印度的孟买、加尔各答等城市成为自己的商业据点，又迅速将其变为军事据点。当时，莫卧儿王朝统治下的印度政治非常混乱，各邦之间矛盾重重。东印度公司玩弄一系列政治阴谋，分化瓦解印度地方长官，对印度的政治取得了很大的支配权。1757年又以武力征服了孟加拉王国。从此东印度公司成为一个拥有领土的"国家"。1773年，为了解决英国、丹麦、荷兰代理机关与法国东印度公司经常发生的冲突，英印当局便把孟加拉、柏哈和奥理萨鸦片专卖权赋予了英国东印度公司。1797年该公司又将鸦片的生产权掌握在自己手中。就这样，一步步确定了罪恶的鸦片政策。这项政策的主要内容有二：一是强迫东印度公司统治下的地区大量种植鸦片。1757年东印度公司占领孟加拉后，便用强制手段胁迫农民种植罂粟，同时鼓励受其支配的中印度各独立邦种植罂粟。二是推行鸦片专卖制度，垄断鸦片贸易。关于垄断鸦片生产、贸易的目的，英国第一任印度总督这样说："鸦片不是生活必需品，而是一种有害的奢侈品，除仅仅为对外贸易的目的外，它是不被容许的。明智的政府应该限制鸦片的国内消耗。"生产鸦片的主要目的是出口。这里尽管没有专门指明是为了运销中国，而在事实上是把中国作为鸦片倾销市场。因为他们看到消费毒品的风气正在中国蔓延，中国的鸦片消费量正在逐年增加。

1715 年，英国东印度公司决定开展对华贸易，在广州派驻了负责商务的正式代表"大班"。大班一到广州就为公司和外商的权益积极奔波，时而抗议中国政府的附加税，时而以撤出广州贸易相威胁。东印度公司在广州有一个由 12 人组成的商务组织，通常由三四名资深人员组成一个特别委员会。这些在广州的公司特派委员会的成员，通常被中国商人称为"大班"。大班直接受伦敦东印度公司董事会领导，住在广州商馆中，商馆共有 13 所，大部分属伍浩官和潘启官所有，全部或局部租给外商。东印度公司的特派员住在从东数第三个馆中，窥视着中华帝国的版图，指挥着对华贸易。但这不是常年的住所，因为贸易是分季节性的。一到 10 月份，外国商人必须按照清政府的规定撤离广州，前往澳门，在那里等待下一季风的到来，按照一定的申报手续，交纳一定的费用后，再返回广州。

中英印之间的三角贸易

自唐宋到明代，中国对外贸易的官方负责机构是市舶司。清朝入关之后，实行海禁，废除了市舶司。1685 年清政府开放海禁，设置江、浙、闽、粤四海关。1757 年又关闭江、浙、闽三关，限广州为唯一的对外贸易市地。粤海关由皇帝的亲信担任监督，一般由满族人充任，官阶略低于督抚，主要负责征收对外贸易的税饷，并把征收的关税送到皇宫。粤海关虽是官方对外贸易负责机构，但不直接与外商发生联系，一切对外事务都要通过洋货行的行商居间办理。1720 年，单独对外贸易的各洋行为了避免过多的竞争，组成了一种受海关监督支配的"公行"。公行是十三行的对外代表机构，垄断进出口贸易，主要任务是：承销外国商人的进口货物，并为之代购出口货物，经手缴纳进口货物的关税，照管外商生活，经办清政府对外商的外交事宜。公行既是中外商人联系的中介，又是清政府与外商联系的媒介。

18 世纪中叶，英国商人（主要是东印度公司）自中国输出的货物以茶叶为大宗，其次则为生丝和土布，此外还有一些零星的货物，如大黄、瓷器、食糖、樟脑等。美国从广州输出的主要商品也是茶、丝、土布。英美两国几乎垄断了这三项货物的全部出口贸易。其中英国在茶叶和生丝上占绝对优势；美国运出的土布多一些。当时，在英国东印度公司自广州输出的货物中，茶叶通常占总额的 80% ~ 90%。这是因为茶叶已成为英国人生活的必需品，需求量越来越大，从 1760 年到 1833 年的 70 多年间增加了 5 倍以上。19 世纪 30 年代，英国政府从茶叶中得到的收入约占全部岁入的 10%。经东印度公司贩往中国的商品数量则很有限。英国主要向中国输出毛织品、金属，另外从印度转贩棉花。美国主要向中国运销西洋参、皮毛和檀香木。所有这些商品对中国来说，都没有太大的吸引力。中国有的是绸缎、土布，英国的毛呢很难在中国找到销路，不赔本就卖不出去，其他商品市场需求量也很有限。印度的棉花比较实用，因为这是两广地区手工业的重要原料。而中国也是盛产棉花的国家，只有在苏淞一带棉花歉收时，印度棉花才有销路。所以，棉花贸易有很大风险，销路好时，英国商人可以赚一笔钱，有时连一包货也卖不出去，赔累不堪。美国的皮毛、檀香木生意，在19世纪20年代以后，由于货源枯竭而一落千丈。

　　总之，英美不能向中国提供什么像样的商品，而又迫切需要中国的茶、丝、土布，所以中国对外贸易经常有大量出超。以中英贸易为例，到鸦片战争前夕，中国每年出超的价值高达二三百万两白银以上，英美两国必须用白银来支付货款。在历史上，第一次来到中国的几只英船，就开始向中国输送白银，抛出了8万枚西班牙银元，却没有卖出几件英国货。一直到18世纪早期，东印度公司来华的商船，经常要带90%以上的现银，商货不足10%。"殖民制度宣布：赚钱是人类最终和唯一的目的"。东印度公司当然不甘心每年把大量白银输往中国，不愿做这种单程贸易，为了获取高额利润，必须设法扭转对华贸易上的逆差。为此，他们选中了鸦片，采取种种手段向中国倾销毒品。正是在这种背景下，东印度公司于1733年制定了鸦片政策，随后便一步步贯彻执行，三角贸易关系逐渐确定。

　　唯利是图的英国商人在殖民地印度垄断了鸦片生产后，便把它向中国极力推销，借以抵消茶丝的货款，然后在欧洲市场上卖掉从中国贩回的茶丝，再带上棉纺织品及奢侈品到印度提取鸦片和棉花。在这种循环转贩的三角贸易关系中，鸦片起着重要的作用。东印

```
              中国    鸦片
        茶
       丝            棉花


      英国            印度
       棉纺织品、消费品
```

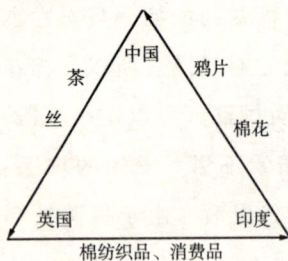

度公司紧紧抓住这个环节，把英—印—中的三角贸易链条带动起来，从而使自己获取了一箭双雕的便宜，既把自己生产的纺织品在印度大量倾销，又把本国需要的茶、丝从中国大量购进。例如，从1814年到1835年，英国向印度输出的棉纺织品从不到100万码增加到5100万码，这主要是靠印度农民被迫种植罂粟的收入购买。1793～1830年，英国购进中国茶叶从1600万磅增加到3000万磅以上，主要靠运销印度鸦片来换取。所以，对于英国来说，鸦片是贸易的最重要环节，没有鸦片就不会有三角贸易。东印度公司一旦发现了鸦片贸易的重要性，便会坚持扩大这种可耻的贸易。

迅速蔓延的鸦片烟毒与鸦片贸易禁令

前面已经说过，英国东印度公司垄断鸦片生产贸易始于1773年，但英国商人在此以前已经加入了以葡萄牙人为主的贩运鸦片活动。1720年英国出版了小说家笛福的《鲁滨孙漂流记》。在这本书的第二卷里已经从文学的角度反映了早期的鸦片贸易问题。书中描写的主人公鲁滨孙是位商人。这位商人曾经到过非洲、印度和中国，他在中国干的第一件事，就是出售鸦片，赚了一笔钱。1773年之前，英国的货船已经成批地出现在中国沿海，这些商船夹带着数量不等的鸦片。
1729 年中国第一道禁止"鸦片烟"命令下达后，东印度公司的商船当时也没有弄清"鸦片烟"系何物，曾经警告自己的船员不要夹带鸦片。事实上在同一时期，清政府对于作为药材的鸦片没有禁止入口，禁止的主要对象是烟草与鸦片的拌和物。1755 年的税则仍规定鸦片可以入口，税率不变。这表明东印度公司对于中国的禁令内容尚不十分熟悉。随着单纯吸食鸦片方法的发明和流传，中国消费鸦片数量的不断增加，东印度公司对于葡萄牙人获取的巨大利润看红了眼。1772年，他们控制了鸦片主要产地孟加拉之后，便立即对鸦片生产和贸易实行了垄断，开始大规模向中国输入鸦片。1782 年，东印度公司的恩沙资号海船一次运到中国的鸦片就高达 1601 箱，规模之大，实属罕见。1786 年，东印度公司的一个航务长曾记录当年输入中国的鸦片有 6000 箱。这时，"鸦片像英国的哆啰呢和印度的棉花一样，是进口船只的货载，公开的交易，并且用同样的方法经过船只的保商，即公行的一个会员出售的"。这表明东印度公司垄断后的鸦片贸易额迅速增加，并且是公开进行。

鸦片输入数量的大量增加，意味着中国吸食鸦片的人数迅速增加，"内地嗜食渐众，贩运者积岁而多"。吸食鸦片烟毒的陋习正在迅速蔓延，社会风气日渐败坏。尽管在乾隆后期进口的鸦片尚不足以影响中国对外贸易的顺差，清政府不可能从财政上着眼下令禁止，但作为一个社会道德问题，它不可能不引起有识之士的重视。

1796 年（嘉庆元年），为了制止在全国，特别是东南沿海地区吸食鸦片风气的迅速蔓延，清廷第一次下令禁止从海外进口鸦片，停废鸦片输入关税。鸦片从此由合法贸易变为毒品走私。禁令内容，现已无从查考。地方官对这道命令充耳不闻，执行不力。1798 年 12 月 9 日，印度总督接到东印度公司一个航务长的报告。报告说："本年初职处又屡闻中国政府禁止再运鸦片入中国之消息，因此种毒药品损害中国人民道德与健康。同时本地商人又将此消息口传于住在广东之外人。一般人均相信，海关监督因暗中鼓动此种违法贸易，借以发财，彼决不能积极设法禁止。"从这则报告中可以看出，鸦片输入之所以有禁不止，销量越来越大，主要是中国官吏受贿、纵容、鼓励造成的。粤海关监督尚且置禁令于不顾，暗中支持鸦片贸易，希冀多收关税，献媚皇帝，借以升官发财，其他属吏自然效尤。在政治专制的国家，政策、法令的执行与官员的素质和态度有很大关系。在通常情况下，廉洁贤明的官员对于政府的法令贯彻比较积极、坚决，而那些贪污受贿、昏庸无能的官员对于上级的命令往往阳奉阴违，带头干扰和破坏国家的法令和政策。同是一道法令，由于长官素质不同，执行的效果可以截然不同。由于粤海关监督对于清廷禁令阳奉阴违，禁止鸦片输入的命令事实上等于一纸空文，直到 1798 年尚未认真施行。

两广总督觉罗吉庆的禁烟态度是积极的。他一向为官比较清廉，1796年升为两广总督。觉罗吉庆一到任就着手整顿海防水师，修筑炮台，缉拿海盗。1798年，他看到吸食鸦片的风气有禁不止，认为这是海关官员纵容贩运的结果，奏请皇帝，要求认真查禁。1799年他向行商们发布了一道命令，要求他们通知外商，以后不准再运鸦片。这一通告发出之后，立即在外商中引起很大反响。东印度公司的航务长认为这是中国初次积极禁止鸦片贸易。这种雷厉风行的禁烟行动也得到了嘉庆皇帝的赞许和支持，1800年再次谕令查禁外洋鸦片输入，禁止国内种植罂粟。中国的公行随之宣布停止所有在广州的鸦片贸易。东印度公司看到这种情况，被迫宣布自己不再参与对华鸦片贸易。但这只不过是虚伪地应付清朝官员，实际上鸦片走私贸易一刻也没有停止过，只不过是将鸦片贸易的货栈从广州移到了澳门而已。英国东印度公司以每年交澳门当局10万两白银为代价，换取了每年装载5000箱鸦片进入澳门的条件。这样，澳门不仅成为鸦片的囤积地，而且成为鸦片的最大市场并很快兴盛起来。中国方面由于两广总督觉罗吉庆很快去职，查禁鸦片的活动立时松弛，中国这次禁止鸦片贸易行动也随之失败了。

4　疯狂的港脚商

在东印度公司垄断对华鸦片贸易的船只大量装载鸦片之外，还有一些零星的港脚商人也参与了对华鸦片贸易。中国宣布禁止鸦片输入之后，东印度公司被迫宣布不再经营鸦片贸易，大量的港脚商出现在中国沿海，非法走私毒品。所谓的港脚商，就是指那些往来于中印之间进行贸易的英印散商。他们所从事的贸易活动被称为"港脚贸易"，他们的船只被称为"港脚船"。港脚商人虽不属于东印度公司，却受该公司的控制。港脚商与东印度公司之间的关系是相互依赖、相互利用，又相互矛盾、相互争斗。由于中国禁止鸦片输入，东印度公司为了继续维持茶、丝等大宗合法商品贸易，表面上不得不宣布自己与鸦片贸易没有关系，禁止所属船只运载鸦片，实际上又不愿放弃鸦片垄断利益，于是把鸦片贸易的许可证签发给港脚商。东印度公司实际上继续控制着对华鸦片贸易，港脚商成为公司的鸦片推销员。没有这些鸦片推销员，东印度公司生产的鸦片就不能顺利出手；没有公司颁发的特许证，港脚商就不能经营鸦片贸易，从而获取贩运毒品的暴利。这就是他们结成的狼狈为奸的关系。东印度公司与港脚商之间存在着控制与反控制的矛盾主要表现在争夺鸦片所获的利益上。港脚商对于公司垄断鸦片生产和实行专卖不满，竭力摆脱公司的控制，要求取缔公司的东方贸易特许证。

对于活跃在中印之间的港脚商来说，鸦片虽不是港脚船上唯一的货物，但毫无疑问是最主要的货物。港脚商都是疯狂的走私者。从 1796 年到 1833 年，可以 1821 年为界，划分为两个阶段。前一阶段鸦片囤积的地点在澳门，通过广州的代理商，在黄埔的轮船上交货；后一阶段的鸦片贸易主要在伶仃洋上进行。

在前一阶段开始时，由于两广总督觉罗吉庆认真督促查禁鸦片输入，公行宣布停止经营这种贸易，东印度公司与港脚商的鸦片船只不能直接停靠在广州海港。鸦片走私商迫切需要建立一个不受清政府控制而又接近中国内地的鸦片集散中心，很快他们就发现澳门是最为理想的地点。澳门在东印度公司垄断鸦片贸易之前，就曾是鸦片交易的重要场地。东印度公司垄断鸦片生产之后，澳门的鸦片交易虽不兴旺，但一刻也没有停止过。东印度公司想把澳门变成对华的鸦片批发中心，就必须同葡萄牙人进行交涉，付出一定代价。通过一番肮脏的谈判，英国的鸦片贩子和葡萄牙人勾结起来，签订了一份协议，"葡政府允许英船运鸦片入澳门，每年5000箱……英公司须每年纳交澳门海关10万两（银）"。这样澳门成为远东最大的鸦片市场和存储站。为了解决鸦片顺利进入中国内地问题，东印度公司和港脚商的代表还决定，从每箱的鸦片价值中抽取洋钱40元作为"贪污基金"，专门向清朝海防官员行贿，以保证鸦片走私渠道的畅通。当时，中国的鸦片贩子中也出现了一种"捐派"办法，即按照每箱鸦片的价值抽收一定比例的银两，按期呈交地方长官，以换取对走私鸦片活动的默认。经过东印度公司与中国鸦片贩子"糖弹"的轮番攻击，中国官员的眼睛全部闭了起来，甚至那些专门负责缉私的水师官兵的旁边就是鸦片船只，鸦片几乎可以公开地抬上抬下。此后20年，每更换一任粤海关监督或两广总督，新任官员一到任照例发布一通禁令，发布禁令的目的在于索贿，只要有足够的贿金到手，便会敷衍了事。中外鸦片贩子熟知此种弊端，立即将早已准备好的"贪污基金"和"捐派"呈交给新来的老爷，于是鸦片走私贸易依旧进行。这样的行政长官，只能大大助长鸦片走私的气焰，只能导致鸦片走私贸易的进一步扩大。

对于鸦片引起的社会问题，不能说嘉庆皇帝不重视。自登基以后，他一边指挥清军镇压白莲教农民起义，一边密切注视着日益蔓延的鸦片烟毒。禁止鸦片贩运的命令发了一道又一道，可是鸦片走私贩运屡禁不止，反而更加猖獗，入口数量日益激增，吸食风气有增无减，甚至有的鸦片贩子将鸦片带到京城兜售。京城清查结果表明，不仅外官子弟染上了烟霞癖，而且宫内太监与侍卫官也吸食鸦片。这不能不引起清廷的重视。有的官员认为，鸦片走私屡禁不止，问题在于吸食人数众多，需求量大，不法分子为获取暴利，铤而走险，所以必须禁止吸食。于是清政府颁布了中国历史上第一道禁止吸食鸦片令，严禁侍卫官等吸食鸦片，这在禁毒史上具有创始的意义。1815年，嘉庆皇帝也意识到，鸦片走私屡禁不止是因为海关私征鸦片税银，粤海关监督阳奉阴违。但对以往的不法行为一概予以宽免处分，对于地方官员和海关监督的违法行为不予追究，等于养痈遗患。

1815年，在嘉庆皇帝的督促下，两广总督蒋攸铦负责制定了《查禁鸦片烟章程》，规定西洋货船到达澳门时，必须经过检查，证明确实无鸦片才能卸货；凡是装载鸦片的洋船立即下令驱逐，不准贸易。这个章程被嘉庆皇帝批准后，还没有认真执行，蒋攸铦便离职而去。1817年，一位出生于江苏，长期在东南沿海省区任职，密切注视祖国海防安危的经世学家成为新任总督，他的名字叫阮元。阮元认为，英国"船坚炮利，技长于水而短于陆"。为防夷患，必须严禁鸦片。他一到任，就开始督促海关官员和地方官吏认真查禁鸦片，要求外商"严守天朝法令，不准偷运鸦片"。外国鸦片贩子对于阮元的查禁行动最初没有引起足够的重视，认为阮元像前几任总督一样是虚张声势，一旦贿金到手，就会默认鸦片继续走私。不料，这次他们的算盘打错了。1821年7月，16个中国鸦片贩子在澳门先后被捕，外国鸦片贩子对于中国缉私官情报的准确大吃一惊，一阵慌乱。在澳门被捕的16个中国鸦片贩子中，一个名叫阿徐的人泄露了鸦片走私的全部机密，详细交代了各级官员受贿情况。这一案件牵涉总商伍绍荣，伍的三品顶戴立即被摘去。9月，阮元向英国、葡萄牙、美国的鸦片贩子发出了一份措辞强硬的警告书，要求所有外商必须严格遵守天朝禁令。11月，英国大鸦片贩子孖地臣的"米罗普"号、"胡兰"号、"犹金尼"号和美国的"爱米雷"号等四条鸦片走私船被揭露出来，在交清罚款后，立即被驱逐出境，并勒令不得再来。黄埔港上的鸦片走私船由于广东水师的查缉而无法停泊，同时澳门鸦片市场也陷入停顿。

　　东印度公司与港脚商面对阮元积极查禁鸦片行动，不甘心停止这种肮脏活动，采取种种手段进行干扰破坏。首先是反对中国水师的搜船行动，公开的理由是

"为保持其国家之尊严及公司之利益"，实际是掩盖其罪恶勾当；其次是反对出具无鸦片甘结，认为"此种要求一经实现，则行商即对鸦片贸易不甚关切"。这里一语道破天机，根本不是中国违反国际惯例，而是担心中国有效制止鸦片走私。1821 年，英国大鸦片贩子孖地臣的三条鸦片走私船被阮元赶出珠江。这位鸦片走私暴发户不肯洗心革面，他的船只一驶出虎门，便在该河口的伶仃岛抛锚，等待鸦片走私的新时机。接着，其他被逐出澳门与黄埔的鸦片走私船亦麇集在这里，伶仃洋由此成为新的鸦片囤积地。在伶仃洋的鸦片贸易同在黄埔港上的交易办法近似，比以前更自由，更便利，更少风险，因此更加兴旺起来。伶仃洋上贩运鸦片的办法是：在伶仃岛附近的水域停泊一些废旧海船，用以贮存从印度运来的鸦片。这些船只的作用与停泊在码头附近的趸船很近似，因而被称为鸦片趸船。在它的旁边还配备一些武装船只，用以抵御清军的查缉和防止海盗的袭击。外国的鸦片贩子勾结广州的地痞流氓，以开设普通商店为名，暗中为外国鸦片贩子批发鸦片。这种黑店被称为"大窑口"。在广州这样的大窑口有数十个。另外还有一些小鸦片批发商店，被称为"小窑口"。中国的鸦片贩子到大窑口看过样品，交纳现款后，得到大窑口的提货单，然后到趸船提货。有时是中国鸦片贩子先向大窑口交纳"定钱"，然后带着提货单驶到趸船，补交差额后，把货提走。包揽运送鸦片的快船被广东人称之为"快蟹"或"扒龙"，或者夺路强行通过，或者通过行贿买路驶入内河，这些事情都是在光天化日之下明目张胆进行的。这种情况在两广总督阮元离任之后，更是明火执仗地进行。1826 年到任的两广总督李鸿宾对于伶仃洋上的鸦片船只采取睁一只眼闭一只眼的态度，除了到任时发布一通禁令外，并未采取实际措施制止鸦片走私。

1828 年，在东印度公司的胁迫、利诱下，印度农民广种罂粟，鸦片产量迅速增加，输入中国的鸦片数量也迅速增大。但由于主要鸦片市场仍然限于广州附近，供大于求，鸦片价格一度大幅度下跌。外国鸦片贩子认为这是中国的鸦片市场还没有完全开放所致。为了扩大鸦片销售量，他们想到东海、渤海去寻找新的市场。这时，英国最大的鸦片贩子、港脚贸易的头目查顿与孖地臣合伙组建了"查顿孖地臣公司"。他们野心勃勃，以重金聘请普鲁士在华传教士郭士腊为翻译，租赁了"气仙"号飞剪船，装上鸦片驶往上海和天津。随后又派出"詹姆西亚"号和"约翰·比加尔"号。这次冒险获得了成功，每箱鸦片的售价高出广州 100 元。查顿因此认为沿海贸易作为正规的走私方法的时期已经到来。为了这个目的，他们决定建造一支飞剪船、双桅帆船和纵帆船的船队，以便在东印度公司特许状满期之后，大干一番。

5 "鸦片使者"与鸦片走私的进一步扩大

1833 年以前，由于东印度公司的鼓励，港脚贸易获得了很大发展，到东印度公司特许状期满时，英国对华贸易的半数以上金额已经握在港脚商人手中。例如，1825～1826 年英国输入中国的总货价为 2120 万英镑，其中 1570 万英镑已经属于公司以外的私商。港脚贸易的迅速发展和力量的增强，使其在争夺鸦片贸易利润的斗争中日渐占了上风。他们抱怨这种贸易听命于人，要求取缔公司的垄断权，希望得到政府的支持。1830 年 12 月，47 名英国港脚商签署请愿书，要求取消公司的垄断权。当然，要求取消东印度公司特许状的主要力量是曼彻斯特的工业资本家，资本家认为公司垄断权是扩大新市场的严重障碍。1829 年 5 月，曼彻斯特、利物浦、格拉斯哥、伯明翰、利兹和加尔各答的工商资本家代表集会于詹姆士街的劳顿饭店，要求政府调整东方贸易政策。此后，这种集会持续举行，声势越来越大，终于迫使政府就范。1834 年 4 月 22 日，根据英王威廉四世的敕令，东印度公司的特许状宣布终止。公司垄断权的废止使鸦片贸易完全向私商开放。在这种情况下，大批鸦片贩子涌入中国，走私贸易更加猖獗。马克思认为，1834 年在鸦片贸易史上标志着一个时代。这既是旧的犯罪时代的结束，又是新的更大规模犯罪时代的开端。

东印度公司失去对东方贸易的垄断权以后，"尝到了血的滋味"的英国商人以及其他国籍的欧洲人蜂拥来到东方，加入鸦片走私贩的行列。这些人中既有披着宗教外衣的传教士，又有工商界的巨富；既有喜欢冒险的新贵，又有掌握权力的英国政府官员。他们一手拿着圣经或工业品，一手握着杀人的毒品，或者坐候在伶仃洋上的鸦片趸船上，或者躲在广州的洋行内干着肮脏的勾当。从1834年开始，随着东印度公司的撤离，广州的洋行像毒菌遇到潮湿的空气一样一个个冒了出来，由1833年的66家迅速增加到1837年的156家。这些洋行几乎全都不同程度地参加了可耻的鸦片走私，如果有一家在当时不参加这种罪恶活动，还会受到鸦片贩子的公开嘲弄。在为数众多的英国洋行中，有几家最为臭名昭著的贩毒机构。它们是怡和洋行、宝顺洋行、伦敦东印度中国协会和曼彻斯特商会。怡和洋行是当时贩运鸦片的最大私人机构，主子是查顿和孖地臣；宝顺洋行又叫巴林洋行，主要头子是颠地。这两家洋行各自拥有一支快艇组成的船队。伦敦东印度中国协会在1836年成立时聚集了109家与中国有关的工商资本家，协会主席拉本德和副主席哈斯提都是大鸦片商。曼彻斯特商会也参与了鸦片走私。除了以上这些主要贩毒集团外，还有那些早期从事港脚贸易的散商，这时更加活跃起来。

东印度公司特许状废止之后，英国政府开始直接处理对华贸易和关系，外交部代替了东印度公司的董事会，驻华英国商务监督代替了公司原来设在广州的特派委员会。1833年12月，英国贵族、上院议员、皇家海军大佐律劳卑被任命为首任驻华商务监督。1834年7月，他乘坐一艘兵船抵达澳门。从外交大臣帕麦斯顿给他的训令中，可以看出律劳卑负有三项使命：一是扩大英国在华贸易，开辟新的商埠；二是在中国沿海寻找一块可以作为海军基地的地区；三是"不要干涉和阻扰鸦片走私"，换句话说，继续纵容支持鸦片走私。律劳卑一到中国便与大鸦片贩子保持密切联系，寄居在查顿家中，他违犯中国海关惯例，拒绝与公行的行商接头，要求面晤两广总督。当时的两广总督卢坤认为，外国人直接投递书信不合以往惯例，拒绝接收，先后四次派行商面见律劳卑，向他解释广州的中外贸易章程，告知其外国文书惯例由行商代递。律劳卑不让行商代递文书，拒绝回答行商的询问，声称自己不是以往公司的"大班"，而是英国国王的商务官员，坚持要与两广总督直接谈判。尽管律劳卑不出示身份证明，卢坤还是派广州知府面询来华目的，是否照旧贸易，"兵船二只何以久泊外洋，不行回国？"律劳卑态度蛮横，拒绝回答询问，因而谈判破裂。8月26日，律劳卑散发中文通告，不顾外交礼节指责清朝官员"固执不明"，声称英国在华贸易的要求必须实现。当卢坤以停止中英贸易的"封舱"办法相抵制时，律劳卑便以大炮相威胁。9月7日，英国的两只军舰闯进海口，一路轰击虎门、镇远、沙角、横档、大虎等清军要塞，于9月11日驶入黄埔。这种狂妄的战争恫吓激怒了中国军民。水师的船只动员起来，1000多名陆军官兵据险抗击，并包围了英国商馆。当时英军在广州附近的海面只有2艘军舰，300余名官兵，不允许律劳卑采取大规模军事行动。面对已经动员起来的中国军民，他只好请求英商说项，退返澳门，不久病死。继任的德庇时和罗宾臣，根据他们在东印度公司工作的经验，决定暂时对华采取"沉默政策"，即暂时放弃与清政府的直接谈判，保持以往的贸易关系，继续扩大鸦片走私贸易。罗宾臣执行这项政策最为积极，一度把办公室移到停泊在伶仃洋上的"路易莎"号上。他们是地地道道的"鸦片使者"。

1834年，鸦片走私贸易更加猖獗，在伶仃岛附近停靠的鸦片趸船，不仅摆脱了葡澳当局的控制，而且避免了广州中国官员向他们索取的"陋规"，成为最安全的鸦片场所，很快由最初的几艘，发展到二三十艘，储存的鸦片有时高达20000箱，成为当时世界最大的鸦片仓库。伶仃洋时期的鸦片走私方法也有新的变化，由原来的隐蔽的偷运发展成为公开的武装走私。除了继续向广州的大窑口提供充足的鸦片之外，还扩展了沿海鸦片走私市场。由于各大贩毒团伙先后装备了美国人发明的配备有精良武器的飞剪船，他们的气焰十分嚣张，根本不把中国缉私的水师船放在眼里。他们到处耀武扬威，时而在走私船上张起旗帜，鸣炮示威，"以引起满大人对他们来到的注意"；时而击沉敢于拦阻他们的水师船只，或者命令中国巡船从他们附近驶开。1835年4月，英国鸦片贩子以水师船只离其太近，感到不自在为理由，竟派出武装水手登上一艘中国巡船，抢走船上的全部武器，然后又登上另一艘船，把船上的武器全部投入大海。本来应该是中国水师扣押、惩办鸦片走私者，在这里却变成了走私船侮辱、袭走中国水师的巡船，人间正义受到了无情的嘲弄。随着鸦片武装走私的日益猖獗，美国等国的商人也加入了鸦片走私的行列。在虎门外有 50 艘 30 吨到 300 吨的大型船，在内河里也有 30 艘，或者更多一些。从东面的虎门到城西的花地，差不多沿河各处都成为这种贸易的场所。

三　鸦片战争前夕的鸦片
走私和禁烟运动

鸦片走私输入，导致鸦片流毒日益严重，大量白银外流。面对鸦片造成的道德危机和财政危机，清廷君臣不得不认真思考解决危机的方法，有的主张弛禁鸦片以物易物，缓解财政困难；有的主张以极刑对付中外鸦片贩子和吸食者，彻底杜绝烟毒。在讨论意见基本一致的情况下，道光帝自上而下发动了一场禁烟运动。这场禁烟运动在人民群众支持下，取得了相当大的成效。但由于清廷对国际形势缺乏清醒的认识，对于紧叩中国大门的西方殖民强盗的力量估计不足，外交举措失当，顽固坚持闭关自守，海防失修而不加以认真整顿，对即将爆发的战争缺乏预感，加之政治腐败，决斗场上竞技失败是必然的。

走私输入中国的鸦片数量与价值

英国垄断鸦片生产的前一年，即 1772 年，以葡萄牙人为主的鸦片商已将输入中国的鸦片数量提高到每年 1000 箱左右。1773 年英国东印度公司垄断鸦片生产后，努力扩大对华鸦片输入，鸦片进口数量不断增加，80 年代中期每年达到 2000 箱上下，90 年代中期达到 4000 余箱，个别年度甚至超过 6000 箱。1773 年到 1795 年，输入中国的鸦片主要用途不是作为药材治病，而是化为烟雾被瘾君子们消费了。

马士根据不同方面提供的资料，编制了一份统计表，分别载于《东印度公司对华贸易编年史》和《中华帝国对外关系史》。多少年来，人们谈论东印度公司和鸦片散商向中国鸦片走私时，多以此为根据。事实上，这个统计还不完全。第一，马士的统计限于英国官方公布的在印度加尔各答和孟买两地所经销的部分，英印散商不经公司而走私出境的鸦片没有包括进去。第二，马士的统计缺少达曼鸦片这一项。有人根据《英国对华贸易与中国门户开放》一书所披露的查顿孖地臣洋行经销鸦片的账簿，对马士的统计表进行了修正和补充。根据这项仍不完全的统计，加上 1796 ~ 1799 年每年走私约 4000 箱，总计 1796 ~ 1839 年的 44 年间走私输入中国的鸦片有 65 万余箱。按照当时的鸦片价格推算，估计总价值不下 61620 万银元。所以有人估计 1800 ~ 1839 年，鸦片走私贸易从中国掠走了至少 4 亿银元。

❷ 鸦片走私与白银流向的改变

鸦片走私引起中国白银外流，这是中国对外经济关系史上一个前所未有的变化。由于封建经济的充分发展，中国对外贸易长期处于出超地位。16世纪，中国同西方国家开始发生接触，当时资本主义商品经济在地中海沿岸国家尚处于初始阶段，东方的中国封建社会亦正在孕育资本主义生产萌芽。300年来，西方精致的消费品虽然种类很多，而在中国大多被视为"奇技淫巧"，销量十分有限。相反，中国的茶、丝、土布成为西方国家的重要生活用品。因此，中国对西方贸易一直维持着出超地位，每年都有一定数量的白银流向中国。一方面由于银矿不够丰富，另一方面由于手工业开采技术落后，每年中国自己产银不多，不能满足商品经济发展的需要。对外贸易出超所产生的白银内流，恰好对中国贵金属货币储存量的不足起了一定的补充作用。内流的白银尽管还不能充分满足中国社会经济的需要，然而犹如注入的血液，对于日渐发展的商品经济起着促进流通的作用。

但是，鸦片大量输入之后，扭转了白银的传统流向。中国白银由入超何时变为出超？白银外流量究竟有多大？这些问题都是近代史家特别关注的。鸦片战争时期，人们认为鸦片走私贸易是一种现钱交易，鸦片输入始于何时，便是白银外流之时；鸦片价值有多大，便是白银外流的绝对数额。这种观点显然是错误的。因为它没有考虑中外贸易各种货物相互抵消的作用。观察白银流向和外流数额，应当同时注意中国对外贸易的进出口情况。只有联系整个进出口情况，才能搞清白银流向的变化时间和外流量的大小。根据严中平等人的统计，中国对外合法贸易长期处于出超地位，从中扣除每年鸦片透漏出去的白银数额，白银出超从 1827 年正式开始，到了 30 年代白银外流量越来越大。30 年代，白银外流数量究竟有多大？有的估计在这 10 年间，平均每年白银外流 1000 万两以上，有的甚至估计高达 3000 万两。例如许乃济认为鸦片耗银总在 1000 万两以上，黄爵滋则认为"岁漏银二千余万两"或"三千万两之多"。许、黄二人的估计是将鸦片的价值作为白银外流数字，显然不足为据。严中平等人认为 30 年代的白银外流"似乎也绝不在一千万两以下"，主要根据已不是鸦片的绝对值，而是考虑了贸易的逆差。李伯祥等人否定了这 10 年每年漏银超过 1000 万两的说法，认为 19 世纪 30 年代中国因支付贸易逆差流出的白银，"平均每年约七八百万元（约合五六百万两）"，比较符合事实。

清代，在市场上充当主要交换媒介的货币是银锭和制钱。二者在市场上同时充当流通手段和价值尺度，必定发生兑换关系。按照清代理财家的设想，制钱和银两同时并用应当有一个固定不变的比例，最合适的比例是 1 两银子可以兑换到 1000 枚重量为 1 钱 2 分的铜钱，超出和低于这个比例都是不正常的。事实上，银两与制钱之间在明清都没有主辅币之别，二者之间的比价变化完全按照它们贵金属市场价格和市场需要的变化而定。纵观清代银钱比价变化，可以发现很少出现一两白银兑换 1000 文制钱的年份。从清初到乾隆三十年（1765）的 100 多年间，银钱比价比较稳定，每两银价钱 800 文左右。1765 年以后，银钱比价开始向上波动，1790 年每两银价突破 1000 文，出现"银贵钱贱"问题。嘉庆时期达到 1300～1400 文，道光初年为 1400～1500 文，道光二十年为 1600～1700 文，咸丰初年为 2500～2800 文，有的地方甚至突破 3000 文，同治时期银价回落到 1600 文上下，光绪末年银价开始上涨。银钱比价的大幅度变化，对当时社会经济生活产生了很大震动。

嘉、道时期的理财家和经世派的学者探寻了各种原因，最后一致认为"银贵钱贱"是鸦片透漏白银出境造成的。这种观点又为近代史家所肯定。事实并非如此简单。按照货币数量的多少解释货币价格的变化，是一种典型的货币数量说。银贵即银少，银贱即银多；钱贵即钱少，钱贱即钱多。这种理论出自管子的论述，"物多则贱，寡则贵"。中国的这种传统货币观点与英国古典经济学家休谟犯了同样的错误，马克思对此已有深刻的批判。这里不必赘述。就事实来讲，嘉、道时期的银贵钱贱原因极其复杂。这一时期银贵钱贱的最大动因在于国内商品经济的发展，社会财富的增加，社会对白银需求不断增加，白银作为价值尺度和流通手段地位日益重要，制钱的作用日益降低，变为辅币，中国的货币制度将由银钱并用时期过渡到银本位时期，货币流通领域发生银两排斥制钱运动，由白银的供求矛盾决定"银贵钱贱"，这是当时银价上涨的决定因素。恰在这一时期，鸦片走私日益扩大，白银输出急剧增多，严重加剧了白银的供求矛盾，促使银价急剧上涨，超出了社会的承受力，"银贵钱贱"遂成为一种病态运动。

银钱比价的激烈波动，不仅引起了市场价格的混乱，而且引起清政府的财政危机。因为当时的赋税主要征自农民，农民卖粮所得主要是钱文。如果按过去的比例上交钱文，地方官府就会感到吃亏，他们要向中央府库解送银两。在这种情况下，州县官员便强调"征不敷解，州县赔累严重"，要求按照市场比价调高征收制钱的比例，这叫做"以市肆银价之涨落，定忙银折价之增减"。征收赋税，提高了银钱比价，农民认为这是提高税收，或者缓交，或者抗交，增加了征收赋税的难度。另一种方法是强调征收制钱，赔累不支，实行"征银解银"，拒绝接收制钱，以保证聚敛社会财富的绝对数量。无论哪一种方法，都为地方官员贪污中饱提供了机会，更增加了财政收入的困难。农民屡受加赋之害，国库收入相对减少，产生财政危机。当时的理财家认为银贵钱贱是由鸦片透漏白银造成的，财政危机是由银贵钱贱引起的，为挽救财政危机，平抑银价，必须制止白银出境，禁止鸦片输入。

③ 泛滥的烟毒与烟具

随着可耻的鸦片走私愈演愈烈，鸦片就像一股黑色的毒流，自南而北泛滥全国。由于价格昂贵，最初吸食鸦片的人只是富裕商人和纨绔子弟，后来官吏、士绅、地主以及依附于封建统治机器的各种人物，如差役、幕友、书办、兵丁，还有其他社会人员，如僧人、道士、妓女等也吸食起来。他们竞相追寻鸦片，形成一种堕落的社会风气。早在乾隆末年，就有人惊叹广东吸食鸦片人数众多，"近日四民中，惟农民不尝其味"。嘉庆时期，鸦片流行内地，吸者日众，"几与火烟相等，耗财伤人，日甚一日"。1830年，鸦片烟毒已经扩散到了广大农村，在乡镇集贸市场上有人公开兜售鸦片。为了满足农村吸食者的需要，浙江、云南、广东、安徽、甘肃、湖南、四川等地开始零星种植罂粟，自制鸦片。为此，清政府不得不制定查禁烟苗和熬制鸦片章程，规定"所种烟苗拔毁，田地入官"。19世纪30年代末期，鸦片烟毒蔓延全国，"各处城乡市镇所在皆有"，就连遥处大西北的新疆"亦多传染"。在京师有的鸦片烟馆是官员开设的，在天津鸦片烟具公开陈列于街上。一整套的鸦片烟具已经形成。"曰枪上有斗，吸时装膏于斗之小孔。枪，即筒也。曰盘，吸时置杂件者也。杂件甚伙，有蘸膏之签，有燃火之灯，有盛膏之盒。盘之质或白铜，或彩瓷，或以雕漆，或以红木。盘之式或长方，或椭圆，或梅花。有夹煤之镊，有盛水之壶，有阁签之架，有挖灰之钩。曰箱，不吸时储杂件者也。此外，又有所谓通条者，至膏塞枪时，用以通之者也"。烟具制作日益精工。"枪头镶以金银铜锡，枪口饰以金玉角牙。闽粤间又有一种甘蔗枪，漆而饰之，尤为若辈所重。其烟斗自广东来者以洋磁为上，在内地者以宜兴为高。恐其屡烧易裂也，则口包以银锡，而发蓝点翠，各极其工"。

41

专门供鸦片烟瘾君子消费鸦片的场所已经形成，名曰鸦片烟馆。烟馆是内地鸦片贩子向吸食者推销鸦片的场所，又是瘾君子聚集消费的场合，通常由不法商人或当地豪绅开设。他们与地方官吏狼狈为奸，牟取暴利。鸦片烟馆不仅开设于通都大邑，而且深入到大城市周围的繁华市镇上。

随着输入的鸦片数量激增以及内地贩毒团伙将毒品带到各地，吸食人数愈来愈多。"海疆商贾码头及通衢繁会之区，吸食者不可深数"。吸食人员的职业成分也很复杂，"上自官府缙绅，下至工商优隶，以及妇女僧尼道士，随在吸食，置买烟具，为市日中"。鸦片战争前夕有人估计，京官中有十分之一二，地方官中有十分之二三吸食鸦片。至于刑名、钱谷之幕友则有十分之五六。林则徐估计得更严重一些，衙门中吸食者最多，"如幕友、官亲、长随、书办、差役嗜鸦片者十之八九"。吸食鸦片的人数究竟有多少？这是当时经世派官员和后来史家都很关心的问题。因为吸食鸦片违禁，不可能有确切的统计。一般人形容吸食鸦片人数很多，言词比较含糊，或者说"几遍天下"，或者说"不可深数"。经世派学者包世臣估计1820年的苏州有10万瘾君子。1835年有人估计吸食鸦片的总人数有200万人。1838年，林则徐估计吸食者约有400万人，占总人口的1%。由于估计方法未曾公布，很难确认哪一种估计接近事实。吸食鸦片的人数应当可以推算出来。

一种说法是："有节制的吸食者每年很少能够消耗1

又 1/2 磅以上的，偶然的吸食者每年消耗的鸦片不多于1 英两左右，而最无节制的吸食者每年不会超过 4 磅"。这里所说的"有节制的吸食者"与"偶然的吸食者"，显然都不是鸦片的正式俘虏，正式的瘾君子每年每人消费量是 4 磅，即 3 市斤。另一种说法是："以土十灰六，熬膏土药五成，灰约七成，层层折算，实每人日食二钱七分零，每人岁食六斤"。按照这两种说法，1838 年走私输入的鸦片有 40500 箱，约合 486 万斤，以岁食 3 斤推算，正式的瘾君子应有 162 万人；以 6 斤推算则为 81万人。1839 年走私输入的鸦片有 50350 箱，约合 604 万斤，以岁食 3 斤计，当年应有 201 万人经常吸食鸦片，以 6 斤计则为 100 万人。若考虑偶然吸食者消费一部分鸦片，可以肯定经常吸食鸦片的人数在 100 万～200 万人之间，如果包括偶然吸食者，可能人数大于一二百万。

从鸦片的危害来看，它不仅使白银大量外流，造成国内银根短缺，严重扰乱了中国的经济生活，而且严重摧残着中华民族的身心健康，强化了封建政权的腐朽性和寄生性。鸦片作为慢性麻醉毒品，能使吸食者甘之如饴，受其毒而不觉。一旦陷溺既深，则志气昏惰，废时失业，畏葸庸琐，精神困顿。一首诗这样描写说："人吃鸦片，鸦片吃人。销膏血，耗精神，鸦片之瘾入骨髓，未死先成鬼。新鬼瘾小故鬼大，新鬼面焦黑，故鬼无人色"。这里说"鸦片吃人"，当时人说外国鸦片贩子来中国是"谋财害命"，一点都不过分。学者陈澧愤怒说："请君莫畏大炮子，百炮才闻几人死！请君莫畏火箭烧，彻夜才烧二三里。我所知者鸦片烟，杀人不计亿万千"。鸦片烟毒弥漫中国，严重破坏了社会生产力。

马克思说："浸透了天朝的整个官僚体系和破坏了宗法制度支柱的营私舞弊行为，同鸦片烟箱一起从停泊在黄埔的英国趸船上偷偷运进了天朝。"营私舞弊、贪污受贿应当不是舶来品，它是封建制度和资本主义制度共有的现象。而鸦片贩子以重金腐蚀中国海关人员和地方官员，使中国沿海地区社会政治更加腐败也是事实。鸦片走私通常要贿赂地方官吏和查缉人员，"得规包庇"成为沿海各省地方政治腐败的普遍现象。查缉人员"查获十百而报一二，夺人之禁物而鬻之"。水师巡船甚至与鸦片贩子约定"每箱鸦片收五元到十元"，按时收取贿款。据揭发，1837 年水师副将韩肇庆"专以护私渔利，与洋船约，每万箱许送百箱与水师报功，甚或以师船代运进口。于是韩肇庆反以获烟保擢总兵，赏戴孔雀翎"。官兵吸食鸦片，战斗力明显减弱，临阵溃散，畏葸不前，鸦片战争时一触即溃。军队作为地主阶级统治的暴力机器，腐败程度如此严重，从清廷的立场来看，是最为严重的事情。

"国日贫，民日弱。十余年后岂惟无可筹之饷，抑且无可用之兵"。鸦片走私已成为中华民族面临的生死存亡的重大问题。

4 关于禁烟问题的争论

鸦片走私所造成的社会危机对于清朝统治者来说

已经是一种严重威胁。白银外流，财政困难，上层社会萎靡，吏治腐败，军队战斗力减弱等问题，日渐成为社会各阶层议论的中心。令人更为忧虑的是，外夷的船只频繁出没于沿海各地，形成了一种前所未有的压力。面对日益猖獗的鸦片走私和禁烟法令的失效，有的人对于能否禁止吸食鸦片表示怀疑，以为犹如饮食男女之欲，不可能禁止，从而提出弛禁的观点。最先提出这种观点的是广州顺德乡绅何太青和嘉应名士吴兰修。何太青认为应当取消禁烟令，听任民间自种罂粟。内地盛产鸦片，价格低廉，外国的鸦片输入无所得利，"招亦不来"，来则加重征税，不准以银两购买。不出 20 年，就能禁止外国鸦片。吴兰修进一步发挥了何太青的观点，承认鸦片于人"利一而百害；其于国也，无纤末之利，有莫大之害"。但认为弭此大害靠"闭关绝市"和"严法例禁"都解决不了问题。他的弛禁方案是"内地种者勿论"，"外夷照旧抽税，交付洋行，兑换茶叶"。中外贸易，只准出口带外国银元，不准携带内地纹银。吴、何的着眼点是解决国家的财政危机，禁止白银外流，而不顾国内万众生灵遭受的毒害。对于国外资本主义的侵略是消极退让，而不是积极的抗争。这种观点不仅在当时有很大影响，而且对 19 世纪 60 年代洋务派官员的鸦片政策亦有很大影响。

　　许乃济当时任广东观察，听到朋友何太青、吴兰修的议论，"大为所动"，便向两广总督卢坤和广东巡抚祁𡏴推荐。卢坤等人对禁烟已经失去信心，对吴兰修的文章"见而心折"。卢坤不敢明请弛禁，便将何太青、吴兰修等文人的文章辑为《粤士私议》，于1834年11月附片上奏，强调"鸦片势成积重，骤难挽回"，评论广州士绅的意见"不无所见，然于禁令有违，窒碍难行"。意思是弛禁鸦片虽有一定道理，而与当前的禁令相抵触，行不通。表面上是含糊其辞，实际是试探道光帝的意见。道光帝对于卢坤的试探不置可否，实际是犹豫不决。1836年6月10日，调任京官的许乃济看到鸦片流毒日益严重，表示忧虑，按照吴兰修《弭害》一文的观点，"稍稍润饰"，改写成《鸦片烟例禁愈严流弊愈大应亟请变通办理折》，上奏道光帝。这个奏折的主要观点是：鸦片流毒日深，白银外流严重。解决鸦片问题，闭关绝市不可，严刑峻法也不可；请公开弛禁鸦片，允许外国鸦片输入，照税则纳税，鸦片进口只准以货易货，不得用银购买，如此可以防止白银外流；宽内地栽种罂粟之禁，抵制外国鸦片进口。与吴兰修稍有不同的是，许乃济主张禁止文武官弁、士子兵丁吸食鸦片。至于一般的老百姓无足轻重，"一概勿论"。

　　犹豫不决的道光帝将这一折子批交广东地方官员讨论。新任两广总督邓廷桢、广东巡抚祁𡎴和粤海关监督文祥接到谕旨，立即责令各自的部下发表意见。然后将各种意见归纳起来，联名复奏清廷，表示同意许乃济的意见，说原奉胪陈时弊，属于实情，"所请弛禁交通办理，仍循旧制征税，系为因时制宜起见，似应请旨照准原奏……如蒙谕允，弛禁通行，实与国计民生均有裨益"。这说明弛禁论在广东是有市场的。

许乃济的观点公布以后，在京师的廷臣中没有人出来附和，"九卿台谏不以为然"。1836年9月，内阁学士兼礼部侍郎朱嶟、兵部给事中许球、江南道御史袁应麟等人上奏批驳了许乃济的观点。朱嶟反对以牺牲民族健康为代价，换取财政收入增加的弛禁鸦片观点，认为鸦片流毒不仅妨碍国家的财政收入，而且残害国民的身心健康。两害相比，妨碍财政事小，残害民族身心为大。"民者国之本，财者民所出，民贫尚可变，民弱无可救药"。他尖锐指出，只禁官弁、士子、兵丁吸食鸦片，而不禁民间贩卖吸食是一种愚蠢方案。因为民是官弁、士子、兵丁的来源，没有健康的国民，就没有健康官弁、兵丁。对于放松关禁，只准以货易货，不准以银购食鸦片，可以防止白银外流的幼稚设想，朱嶟也明确表示反对。在他看来，允许鸦片入关，"其言不顺，其名不美"，不仅有损国体，失去道义，而且实际上也不可能制止白银外流。许球旗帜鲜明地站在反侵略的立场上，反对弛禁鸦片。他说，英国人不食鸦片，为什么运来毒害中国人。对于英国兵舰在中国沿海的游弋，他表示担心，认为只有严禁鸦片，防患于未然，侵略者才不敢有轻视之心，"庶无所施其伎俩"。袁应麟从"祖制"、"政体"、"义利"三个大是大非问题规劝道光帝遵守祖制，维持原有禁例。以上三道奏章立论严谨，理直气壮，是非利害昭然若揭，且依托"祖制"成法，先声夺人，使犹豫不决的道光帝开始认真考虑禁烟政策。

1836 年 9 月，道光帝接到朱、许等人的奏折，思想已倾向维持既往禁令，在没有接到邓廷桢、祁𡎚、文祥的复奏情况下，便向他们下了一道谕旨，著令他们认真查拿贩卖鸦片的不法分子，制定章程，"力塞弊源"。邓廷桢接到谕令，立即改变了弛禁鸦片的想法，开始对官吏的违禁行为进行认真调查。1836 年 11 月，按照许球奏折中的点名，下令驱逐了 9 个英美鸦片贩子，并命令水师提督关天培率领所属官兵，不分昼夜，认真查缉毒贩。这次查禁活动持续了一年多，取得了一定成效，广州城的鸦片活动大为收敛。

1838 年 6 月 2 日，经世派官员鸿胪寺卿黄爵滋耳闻目睹国内禁烟忽紧忽松和外国鸦片贩子继续大量走私鸦片的情况，对王朝的前程深深忧虑，上奏提出更加严厉的禁烟措施。在他看来，只有根绝国内吸食者，严惩瘾君子，才能有效堵塞漏卮。"夫耗银之多由于贩烟之盛，贩烟之盛由于食烟之众。无吸食自无兴贩，无兴贩则外夷之烟自不来矣。今欲加重罪名，必先重治吸食"。具体方法是，勒令吸食鸦片的人必须在一年内戒绝烟瘾。过期不戒者，普通百姓处以死刑，官吏则罪加一等，本人处死，其子孙不准参加考试。为了不使漏网，提出五家邻佑互保，举报者给奖，包庇者治罪。这种立法虽然用意在于彻底禁烟，但其举措过于严厉。黄爵滋的奏折送达御案后，道光帝决心禁烟，为广收众论，发动群臣，当即将黄的奏折批交督抚将军及在京衙门讨论。不久，清廷收到了 29 份遵旨议复的奏折。这次讨论的中心议题不是该不该禁烟，而是该不该对国内吸食者处以死刑。

完全赞成和基本同意黄爵滋主张的督抚大臣有：湖广总督林则徐、两江总督陶澍、漕运总督周天爵、湖南巡抚钱宝琛、河南巡抚桂良、江苏巡抚陈銮、河东河道总督栗毓美和安徽巡抚色卜星额等 8 人。林则徐认为过去的大清律例对于吸食鸦片的人处罚太轻，鸦片烟毒已经发展到很严重的地步，不是一般刑罚能够制止的，"为害甚巨，法当从严"。严惩吸食者，合于圣人"辟以止辟"之义。陶澍也说，重治吸食是不得已之举。这些主张表现出了他们疾恶如仇、除恶务尽的坚决态度。

不赞成黄爵滋"重治吸食"意见的人有：盛京将军宝兴、吉林将军祥康、黑龙江将军哈丰阿、直隶总督琦善、云贵总督伊里布、山东巡抚经额布、山西巡抚申启贤、护理湖北巡抚张岳崧、陕西巡抚富呢杨阿、贵州巡抚贺长龄、福建巡抚魏元烺、两广总督邓廷桢、广东巡抚怡良、闽浙总督钟祥、四川总督苏廷玉、江西巡抚裕泰、浙江巡抚乌尔恭额、江南河道总督麟庆、云南巡抚颜伯焘、陕甘总督瑚松额和广西巡抚梁章钜等 21 人。他们多数处在鸦片危害较轻的省区，有的主张严厉打击外国鸦片贩子，驱逐伶仃洋上的鸦片趸船；有的主张首严海口之禁，次加兴贩开馆之罪；有的主张严惩受贿庇护的官员，打击接引奸商。如此等等，无不要求查禁鸦片。但对黄爵滋严惩吸食者的意见不以为然。多数人认为，定吸食鸦片者充军已经够严了，若以死罪对待，国法则失之于平。他们大多不赞成五家互保的株连办法，"恐势有不行，徒滋烦扰，亦非安民之道"。这些讨论都涉及封建国家立法的原则性和稳定性问题，都有一定道理。

1838年清廷内外关于鸦片问题的争论，是由道光帝主动掀起的。经过讨论，可以看出，在禁止鸦片输入上意见一致，没有出现所谓的"弛禁派"。当时争论的焦点是，应该不应该重治吸食者。在鸦片烟毒泛滥情况下，不能片面强调重治吸食者的作用，应当采取综合治理办法。对于那些疯狂的外国鸦片贩子、谋财害命的中国鸦片走私者、开设烟馆引诱良家子弟吸毒者，应当处以极刑，以遏乱源；同时应当采取适当限制措施和适当的刑罚惩治吸毒者。只有双管齐下，才能有效制止鸦片泛滥。

5 轰轰烈烈的禁烟运动

在中国历史上，道光帝无疑是一个平庸的皇帝。在他统治时期，国内社会矛盾更加激化，自然灾害、政治动乱一年比一年严重，终于在末年酿成了全国性的农民起义。国外资本主义列强的商品、鸦片、大炮一齐进攻，他被迫缔结城下之盟。尽管如此，对他本人不能一概否认，因为他不是一个荒淫无度、乱杀臣民的暴君，也不是一个不想有所建树的皇帝。1820年他登上皇位时，继承的是一个盛行贪污的腐败政府，对此他试图加以改良，但失败了。在他一生处理的政务中没有一个问题的重要性超过鸦片问题，从即位一直缠扰到死。尽管他对鸦片深恶痛绝，试图解决鸦片问题，但仍旧失败了。

从1821年到1836年，道光帝曾多次下令制止鸦片流毒。在他的三令五申督促下，广东的官员先将鸦片贩子赶出广州，又把他们成功地逐出澳门、黄埔，但万没想到转移到伶仃洋上的鸦片走私比以前更加猖獗。1838年6月，黄爵滋的"重治吸食"的提议得到了他的高度重视。为发动全国性的禁烟运动，道光帝把黄的奏折破例批交全国内外大臣讨论，目的在于统一整个统治集团的思想。这时，道光帝又陆续接到湖广总督林则徐、直隶总督琦善在辖区内开展禁烟的报告，更加坚定了查禁鸦片的决心。为在全国掀起禁烟运动，他采取了一系列措施：1838年9月7日发布《著步军统领衙门及各直省督抚严惩贩烟吸烟人犯谕》，要求"有犯必惩，毋稍疏纵"。9月15日，谕令广州将军德克金驱逐英国鸦片船不得松懈。10月23日，谕令首席军机大臣、内阁大学士等根据各省查禁鸦片章程，综合制定全国禁烟章程。10月25日，下令革去吸食鸦片的庄亲王奕窦、辅国公溥喜的爵位。10月28日，又以1836年许乃济冒昧奏请弛禁鸦片，"不得政体"为由，勒令其休致。11月9日，召林则徐陛见，特赐紫禁城内骑马、乘肩舆，8天内连续召见8次，面授禁烟方略。12月31日任命林为钦差大臣，节制广东水师，前往鸦片重灾区广东，执行断绝来源的重任。

9月7日的上谕下达以后，除了已经开展禁烟的省区外，其他省区也积极行动起来，掀起了一个清查吸食，收缴烟具、烟土，缉拿烟贩，铲拔烟苗的热潮。这次禁烟，各地执行得比较认真。道光十八年（1838）八月二十七日，山东巡抚经额布奏报拿获鸦片 7 箱，重 13444 两；十月初三两江总督陶澍奏报拿获烟贩多名、烟土 57000 两；十二月二十九日广西巡抚梁章钜奏报查获烟土 128400 两，烟枪 6340 杆，烟具 750 件，捕获烟贩 120 名；道光十九年正月初十浙江巡抚乌尔恭奏报拿获烟贩 150 名，烟土 9140 两，铲拔烟苗 230 余亩，收缴烟枪 3237 杆，烟具 183 件；三月二十四日四川总督宝兴奏报查获烟土 32630 两，烟具 2340 件，破获烟案 33 起；三月二十五日闽浙总督钟祥奏报查获烟贩 324 名，烟土 125400 两；烟毒重灾区的广东查禁烟馆和吸食、贩运成绩也很突出，到道光十九年三月为止，共查获贩烟人犯 1600 名，烟土烟膏 461526 两，收缴烟枪 42741 杆，烟锅 212 口；就连遥处西北边境的新疆，1839 年亦收缴了自克什米尔走私入境的鸦片 10700 两，破获烟案 30 余起。

这次禁烟运动之所以能够取得较为显著的成效，主要是得到了人民群众的支持和拥护。例如，1839 年 2 月 22 日邓廷桢奏报广东禁烟情形说，广东自上年夏秋以来，"医人断瘾之药塵肆通行，民间劝善之文城乡遍贴"，由此可见人民自愿戒烟的实际情况。禁烟成效显著的另一重要原因是清廷的高度重视。例如，道光十八年十月，道光帝严厉申斥两广总督邓廷桢说："历任大小文武相率姑容，致有今日之患。此时若再因循，其害尚复忍言乎。朕姑既往不咎，看汝等能否具有天良，所办若何耳！"此后，督饬各省认真查禁鸦片的谕旨一道比一道严厉。道光帝如此高度重视，各级地方官员自然不敢懈怠，故所以取得明显成效。不过，这次全国性的大规模的查禁鸦片活动，正像 1838 年讨论时有人预料的那样，对于民间造成了很大骚扰。例如广东，"省中兵役，栽赃肆害，旦夕诈索，络绎于道，皆雇贱役，巨贩率以贿纵，获者寥寥。外县武弁，尤借以居奇，草木皆兵，几无宁宇"。"民俗骚扰，熬验于官，日以百计，瘐死者众，诬首之风四起。"其他地方也有任意吹求，栽赃诬控，兵弁挟嫌报复等类事件。

6 虎门销烟

1839 年 3 月 10 日，林则徐抵达广州，住进越华书院，立即开始调查外国鸦片贩子的活动，收集国外情报，准备同各国鸦片贩子进行针锋相对的斗争。第八天，他就传谕外国鸦片商呈缴运入中国海口的鸦片，要求在 3 日内报告存贮在广州及其附近的鸦片数字，郑重声明："若鸦片一日未绝，本大臣一日不回，誓与此事相始终。"英国鸦片贩子不愿交出鸦片，他们操纵广州外国商会，经开会讨论，决定向林则徐递交一纸复文，轻描淡写地表示今后不再与鸦片贸易发生关系，但林则徐坚持收缴鸦片。外国商会又议决交出 1037 箱鸦片，准备以此搪塞这位钦差大臣。此时，英国驻华商务监督义律借故避居澳门，观望事态的发展。英国头号鸦片贩子查顿早在林则徐未到达广州以前，就逃避通缉，溜回了本国。另一个英国大鸦片商颠地继续留在广州，操纵鸦片商，破坏中国禁烟。3日限期过后，林则徐命令广州知府拿究颠地，"听候审办"。3月24日，义律公开出面采取敌对行动，调动军舰游弋于珠江口，进行战争恫吓。他亲自乘快艇到达广州，准备帮助被困在商馆里的颠地一伙逃走，傲慢地认为只要使用"确信坚决的语调和态度，将会抑制广东省当局轻举妄动的气焰"。手持利剑的义律一到商馆，便向英国留在商馆的鸦片商们宣称："我要和你们在一起，直到我最后一息。感谢上帝，我们有一艘英国军舰在外边，并且有一英国军官指挥"。但他没有料到，同一天林则徐按照"抗命封舱"的惯例，下令停止中英贸易，派兵包围了洋人寄居的商馆，撤退了在洋馆中的中国雇员，隔绝了鸦片趸船与洋馆的联系。

3月26日，林则徐又向外商发布通告，从天理、国法、人情、事势等四个方面阐述必须立即呈缴鸦片的理由，严正指出，外国鸦片贩子数十年来非法向中国走私，"以害人之鸦片骗人钱银，前后所得不知几万万矣！尔则图私而专利，人则破产以戕生"。"从前鸦片虽禁，尚不加以严刑，则是天朝宽大之政，至于尔等私下贩卖，亦不十分罪究。今则大皇帝深恶而痛绝，嗣后民人不特卖鸦片者要死，而吸食者也要死，都是尔等害之。岂内地民人该死，而尔等独不该死乎。今仰大皇帝柔远之心，姑饶尔等之死，只要尔等缴清烟土，出具以后不夹带甘结。如有再带入口，人即正法，货尽缴官"。义律被包围在商馆中，与外界断绝了通信联系，这才发现自己是自投罗网，使用"坚决的语调和态度"者不是自己，而是林则徐。但他不甘心失败，25 日他以英国领事的名义，致函林则徐，要求在 3 日内发给护照。这个申请，理所当然地被拒绝。26 日，义律收到林则徐要求他不得拖延交鸦片的第二道命令，接着又收到了第三道命令，仍然是警告不得拖延呈缴鸦片的时间。林则徐的"全部方针像水晶一样明晰"。除了迅速呈缴鸦片之外，义律已经没有任何可施的伎俩，只好通知林则徐说，他愿将英商手中的鸦片"悉数缴清"。28 日，在林则徐的督促下，义律被迫报出鸦片箱数。"现经远职查明所呈共有二万零二百八十三箱，恭候明示查收"。

4 月 11 日，林则徐与邓廷桢出广州城，赴虎门开始验收鸦片，当天没有移交。第二天开始收缴，各国鸦片贩子的 22 艘趸船，先后驶抵澳门，听候查验，查到 5 月 18 日才"一律收清"。林则徐向道光帝报告说："截止四月初六（5 月 18 日）收清，合计前后所收夷人鸦片共 19187 箱，又 2119 袋。核之义律原禀应缴 20283 箱之数，更溢收一千袋有零。"这是当事人提供的原始资料，最为可信。其他诸说，或是概略数字，或取诸传说，不尽可靠。

林则徐禁止鸦片走私步骤的第一步是勒令缴烟，已经做到了。第二步是通知所有外商出具甘结，即要求外商声明："来船永远不敢夹带鸦片。如有带来，一经查出，货尽没官，人即正法"。这本是杜绝鸦片来源的必要措施。外商在中国理应遵守中国法令，何况要求签押不走私毒品的甘结正是维护正常的合法贸易，所以要求外商具结是合法合理的。作为一个深受鸦片毒害的国家，中国有一切理由、一切必要这样做。而义律不甘心在缴烟问题上的失败，抓住具结问题蓄意制造中英政府之间的紧张气氛，准备挑起对华侵略战争。由于在具结问题上，各国商人意见不一致，4月8日外国商会解散。此后，美国、荷兰商会总管表示愿意出具甘结。英国义律仍拒绝本国商人出具甘结。当时林则徐的主要精力放在如何收缴鸦片问题上，以为具结比缴烟容易做到，所以没有严厉督促具结。尤其是缴烟的顺利进行，使林则徐过于乐观估计形势。5月2日，除继续扣押16名大鸦片贩子作为人质，以保证此后缴烟工作的顺利进行之外，允许其他商人离开商馆，同时取消封港禁令，允许贸易。5月18日，鸦片收缴完毕，林则徐在16名大鸦片贩子出具"永远不敢再来"甘结后，下令将其驱逐出境。此后，林则徐继续督促外商出具甘结，义律则千方百计阻挠，甚至下令军舰阻拦那些愿意出具甘结，要求进行正常贸易的商船。向保护商船的中国水师船只发动攻击，挑起穿鼻洋海战。这次事件成为鸦片战争爆发的导火索。

林则徐收缴的外国鸦片都临时贮存在虎门镇口。外国鸦片一缴完毕，林则徐与邓廷桢就联名上奏清廷，建议委派官员将全部鸦片送到京师检验销化。道光皇帝考虑到路途遥远，地方治安不靖，担心强盗路上打劫，也担心不法官吏偷漏抽换，于5月9日谕令林则徐就地督率文武员弁"公同查核，目击烧毁，俾沿海居民及在粤夷人共见共闻，咸知震詟”。5月30日清晨，林则徐接到就地焚毁的上谕，紧急布置焚毁鸦片场地。经过几天准备，于6月3日祭告海神之后，开始在虎门海滩销毁鸦片。销毁的方法是：先挖成两个纵横各15丈的方形池子，池底用石板平铺，四旁栏桩钉板，以免渗漏，前面设一涵洞，后面通一水沟。销烟时，先由沟道车水入池，撒盐成卤，然后将鸦片烟箱劈开，将鸦片球切成四瓣，投入卤水中，浸泡半日，再将烧透的石灰石抛入，顷刻便如汤沸，"浓油上涌，渣滓下沉"。鸦片一遇卤水石灰，颗粒悉化。等到海水退潮时，启放涵洞，使其随波入海，尔后再用清水涮涤池底，不留涓滴鸦片。林则徐遵照谕令，每日亲历销烟场地，仔细检查每一销烟过程，极为认真负责。至6月21日销化完毕，除端午节暂停一天外，前后共进行了18天。除将公班土、白皮土、金花土和小公班土每种各留两箱（共8箱）作为样品外，其余鸦片全部销毁。6月25日，林则徐离开虎门，回到广州，收缴与销毁鸦片活动从而全部结束。

在销烟过程中，远近人民络绎不绝赶来观看，围观者众多，无不拍手称快。往来广州和澳门的外国人在经过虎门镇口时，目睹销烟认真进行的情况也都引领瞻望。还有一些外国人跑到现场观看，对林则徐表示钦佩赞赏。外国人纷纷发表评论，《中国总论》的作者卫三畏说："鸦片是在最彻底的手段下被销毁了……在世界史中，一个非基督教的君主宁愿销毁损害他的臣民的东西，而不愿出售它来装满自己的腰包，这是唯一的实例。全部事务的处理，在人类历史上也必将永远是一个最为卓越的事件。"通过这次销烟，虔诚的西方基督教徒的心灵也发生了震颤，"我们无论在什么地方的记载上，可曾有过异教徒的光明正大给基督教徒的堕落蜕化以这样更锋利的训斥吗?"虎门销烟有力地声讨了英国鸦片贩子的罪行，揭穿了资本主义侵略者在文明伪装下的肮脏面目，表示了中国人民反侵略的坚强意志和反对毒品的纯洁心理。虎门销烟在世界反毒品史上写下了光辉的一页。轰轰烈烈的禁烟运动标志着中国人民的觉醒和奋起!

四 战争借口与鸦片贸易合法化

在这场决斗中，陈腐世界的代表是基于道义原则，而最现代的社会的代表却是为了获得贱买贵卖的特权——这的确是一种悲剧，甚至诗人的幻想也永远不敢创造出这种离奇的悲剧。英国殖民强盗明明是为了维持不道德的毒品贸易而来，明明是强索可耻的鸦片赔款，却在英国国内一直故意掩盖其战争目的，说什么英国人在商馆受到了不公正的待遇，说什么为寻求公平的商业机会而战。英国政府之所以竭力掩盖其战争目的，主要是为了逃避国内人民反鸦片贸易的批评。鸦片战争之后，英国政府为了获得鸦片利益，继续千方百计地诱逼清政府，迫使鸦片贸易合法化。清政府为了扑灭农民起义的烽火，为了筹措军饷，放弃了对鸦片的禁令。

鸦片战争的发动者

在中国实施严厉禁烟运动之前，英国政府主要是消极地维持鸦片贸易的现状。1837 年 11 月 19 日，英国驻华商务监督义律向英国外交部报告，说明鸦片走私已发展到中国东海岸及福建全省，鸦片走私船经常与清朝缉私船发生武装冲突。对此，英国外交大臣巴麦尊于 1838 年 6 月 15 日指示义律说："女王陛下政府不能为了使英国臣民能够违犯他们与之贸易的国家的法律进行干涉……至于您在 11 月 19 日函件中所作的建议，即派一特使赴舟山设法和中国政府就鸦片贸易作一定安排的计划，女王陛下政府认为目前尚无足够明显的理由采取这种行动。"英国政府当时之所以听任鸦片走私状况的发展，是因为鸦片走私贸易给它带来了巨大的财政收入，禁止鸦片贸易意味着放弃这笔肮脏的收入；如果用武力迫使鸦片贸易合法化，必然遭到国内、国外舆论的尖锐批评。所以它采取消极的维持鸦片贸易的态度。中国实行严厉禁烟的政策，如果完全堵住了鸦片输入，势必影响英国政府的财政收入，为了保证这项巨大的罪恶收入，英国政府决心发动一场最可耻的毒品战争，强迫中国接受鸦片贸易。

在英国议会辩论对华使用武力的过程中，鸦片贩子的鼓噪起了很重要的作用。1839 年 4 月，当孖地臣、颠地等人还被困在广州商馆中的时候，孖地臣就狂叫："我想下一步骤就将是对华战争。"5 月 24 日，在广州的英国各家经营鸦片的公司和商号联名向巴麦尊发出了请愿书，诬称中国的禁烟措施是暴行，要求英国政府采取军事行动。8 月 7 日，伦敦也召开了一次鸦片商的紧急会议，参加会议的 9 个人全是鸦片商或是与鸦片贸易有密切关系的人。会议的目的是促使英国政府发动对华战争，勒索鸦片赔款。会议之后，他们集体谒见了英国外交大臣巴麦尊，并从巴麦尊那里获得了英国政府将出兵干涉的意向。头号鸦片贩子查顿溜回英国之后，在策动对华战争方面更为活跃。林则徐在广州收缴外国鸦片后，在华的英国鸦片贩子选出了一个包括查顿、孖地臣等人在内的请愿团，按每家被缴鸦片的箱数，每箱摊派1元，集资2万余元作为查顿在伦敦活动的经费。查顿8月份一到伦敦，就积极联络与鸦片贸易关系密切的商界人物，向政府施加影响。他还雇佣一帮无耻文人，出版各种攻击中国禁烟、煽动战争的小册子和文章。例如向瓦伦尔提供足够的资料和资金，要他写成《鸦片问题》的小册子，在英国上下议院广为散发。在这本小册子中，瓦伦尔把中国军队包围商馆、拘禁鸦片走私贩的正义、合法行为描绘成"另一个加尔各答军牢"，是对维多利亚女王陛下的旗帜的不可容忍的侮辱，狂妄地宣称必须采用强硬手段，进行军事报复。9月下旬，查顿还带了许多有关中国沿海防御的地图、表册等情报资料，秘密拜见巴麦尊，讨论如何对华进行战争，"舰艇的只数，陆军的人数，必要的运输船只等等，也全部讨论到了"。

　　1839年6月3日，印度孟买商会也致书英国，要求对中国的禁烟措施进行"干预"。他们说鸦片贸易是在"不列颠政府的授权与明令照准之下，由印度政府完全为了国家的目的加以鼓励、怂恿与指导，而通过她的臣民之手的资本、劳力与企业发展起来的。印度政府就用这样方式从鸦片贸易上取得了庞大的收入，近年每年达到两百万镑，几乎抵得上印度全部收入的十分之一"。没有鸦片贸易，就不可能这样顺利地为国内开支取得那么大量的汇款，英国的商人也不可能买到那么大量的茶叶而不须向中国送去大量的白银。不管英国政府从事这种贸易受到多大责难，都应当以最强有力的方式，"一劳永逸地把我们对中国的商务关系安置在稳固而荣誉的位置上"。7月4日，《加尔各答经营鸦片生意或与鸦片生意有利害关系的英籍商人与英籍居民上枢密院请愿书》说："尽管公认中国政府从来就是禁烟的，可是中国人还是热烈地追求鸦片，印度不列颠政府还是用尽心智策划各种各样的办法，把鸦片贸易扶植到最近这么大的规模。印度不列颠政府是贝哈尔和班奈尔土的惟一种植者和制造者"。"从印度输出的鸦片，打破了中国禁银出口的政策……所以输出鸦片对于商务是有重大利益的，这就是把那个人口最多、资源最富的帝国的财富吸取出来，而用鸦片换来的白银则使英属印度的大片土地喜气洋洋，人丁兴旺，——也使得英国制造品对印度斯坦的输出大为扩张，——更使得这方面的海上航运与一般商务大为兴盛，——并且还给英属印度的国库带来一笔收入，其数超过整个孟买全省的田赋总额"。这就把英国发动战争的原因点了出来。

1839年4月3日，被困在广州商馆的义律致信英国外交大臣巴麦尊，气急败坏地说："我认为，我的勋爵对于所有这一切不可饶恕的暴行（指林则徐勒令呈缴鸦片之措施）的反应，应该出之迅速而沉重的打击，事先连一个字的照会都不用给。中国政府对陛下官员与臣民犯下了突然而残酷的战争罪行，用最近这样的方式强迫缴出英国人的财产就是一种侵略，这在原则上是如此其危险，在实行上又如此其不能容忍。所以，为每一件损失要求完全的赔偿，已成为文明的高尚的义务了……我以最最忠诚的心情献议陛下政府立刻用武力占领舟山岛，严密封锁广州、宁波两港，以及从海口直到运河口的扬子江江面。陛下政府将从此获取最最适意的满足"。巴麦尊一接到义律的正式报告，立即表示对中国的唯一办法"就是先揍它一顿，然后再作解释"，训令义律尽快搜集中国沿海的军事、经济情报。事情非常清楚，英国国会和内阁是鸦片贸易政策的制定者，印度政府是鸦片贸易的执行者和创办者，二者都是鸦片贸易的主要受益者，鸦片商不过是英印政府的雇员。"贩运鸦片人的利润是很少超过政府售价的百分之五至百分之十五的，而制造鸦片者的利润，亦即印度、不列颠政府的利润，却达到制造成本的百分之二百至百分之五百的庞大数字"。英国政府的决策人物对此十分清楚。中国禁烟的鞭子抽在鸦片贩子身上，而疼在英国政府官员的心上。就是没有鸦片贩子在幕后如此频繁的活动，英国政府也必然发动旨在维护鸦片走私贸易利益的侵华战争。

1839 年 10 月 1 日，英国召开了内阁会议，讨论中国问题。巴麦尊根据大鸦片贩子查顿等人的建议，提出派军舰封锁中国海口，勒索鸦片赔款的战争计划。

经过长时间的讨论之后，决定对华发动战争，训令海军派遣一支舰队前往中国。与此同时，在英国政府的意向性引导下，英国各大城市鼓吹对华战争的喧闹达到高潮。在整个 10 月，曼彻斯特、伦敦、利兹、利物浦、格拉斯哥、布里斯特等大城市的商会，也纷纷上书，要求对华"采取断然处置"。1840 年 1 月 16 日，英国女王维多利亚在议会中发表演说，声称中国禁烟事件使英商利益蒙受巨大损失，并且损害了英王的"尊严"。这一演说实际上透露了即将发动战争的信息。2 月 20 日，英国政府任命曾任印度总督、英国好望角舰队总司令的乔治·懿律为全权代表和侵华英军总司令。同一天，巴麦尊照会清政府，正式向清政府提出赔偿货价、割让岛屿、偿还商欠的战争要求，并声明英军此次军事行动的军费全部要由中国负担。·

3 月 19 日，英国国防和殖民大臣罗素在回答下院询问在印度集结大军的目的时说："首先是要为女王陛下的商务监督和臣民所受中国政府的侮辱和损害取得赔偿；其次是要为在华贸易的英国商人所受的财产（鸦片）损失取得赔偿，这一损失是中国政府所派的人用暴力威胁造成的；最后是要去取得安全条件，以保证在华贸易商人的生命财产从此免遭侵害"。4 月 7～9 日，英国议会才针对中国问题举行讨论。会上辩论十分激烈。詹姆士·格雷厄姆爵士认为英国对华政策出现了一连串失误，从任命律劳卑为商务监督到义律动用军舰封锁中国海口都是错误的，指责义律"即无口实又无结果地一再攻击中国商船"。支持对华实行战争的人则宣称："（英国）属于一个不习惯于接受失败、屈服和耻辱的国家"。针对这种观点，一位托利党人尖锐地反驳说："我不知道，而且也没有读到过在起因上还有比这场战争更加不义的战争，还有比这场战争更加想使我国蒙受永久耻辱的战争"。巴麦尊矢口否认英国政府支持鸦片走私贸易，说向中国派遣军舰是为了英国公民的贸易安全。于是在一片嘈杂声中进行了表决，反对战争的有 262 人，支持对华战争的有 271 人，结果以 9 票的微弱多数通过了对华战争决议。一场不义的战争就这样准备停当了。

② 战争时期的鸦片贸易

当中国的禁烟运动达到高潮的时候，外国鸦片贩子在中国沿海的走私活动一度收敛，飞剪船纷纷驶回印度，把林则徐查缴、销毁鸦片的禁烟消息传到鸦片拍卖市场上，一时人心惶惶，新产的白皮土的售价只有 200 元，这说明鸦片产地交易很不景气。在中国沿海一带的鸦片交易几乎完全停止。但是，大鸦片贩子并不甘心失败。富于冒险精神的孖地臣认为："在目前情况下没有什么可惊慌的"。他从被围的商馆中一出来，便运送 10 万元到新加坡替行号投资新上市的鸦片，同时还向加尔各答定了同样数目的一笔货。他考虑到商馆已经被迫向中国政府具结，保证不再进口鸦片，如果再次被中国政府逮捕，自己就没有第二条命继续经营鸦片生意了。办法还是有的，为了防止中国缉私员弁的追查，他采用了更加秘密的方法，所写的信件均不署名，并且规定同伙与他联络使用密码。他把办公桌安置在船舱中，指挥走私贸易。6月，英商刚从商馆中全部撤离，便有人开始在沿海冒险走私。由此可见，为了牟取暴利，鸦片贩子不惜以生命为赌注。这时的销售量虽然比较小，但利润非常高，200元买进一箱鸦片，可以卖到800元以上，1839年10月每箱鸦片售价高达1000~1600元。在孖地臣的带动下，其他鸦片贩子也把走私船驶向东海，这些船只为了对抗中国水师，通常都是全副武装，结果是鸦片交易所获的高额利润和以前一样。所不同的是，要冒更大的风险。

对于这种猖狂的鸦片走私，林则徐有所觉察。1839年8月20日，他指出："今奸夷尚有多名未去，趸船尚有一半未开，尖沙咀所泊货船带来鸦片，为数更倍于前，屡经示谕，皆又匿不呈缴。并闻义律宣言于众，更要大卖鸦片。现在拿获汉奸烟犯多名，皆已供明在某某夷船上卖出，赃证确实可凭。且又分遣三板东驶西奔，凡潮州、南澳、高、廉、雷、琼，该夷船所不应到之地，无不窜往。"为此，林则徐下令水师缉拿。1840年5月，一艘武装鸦片船被中国水师击沉，另有一部分走私船暂时停止活动。

1840年中，当英国远征军到达中国沿海之后，随着军事上的失利，中国水师又失去了控制鸦片走私的能力。在英国军舰保护下，广州的鸦片交易又开始活跃起来。当英国海军北上时，鸦片船踵随于军舰之后。英国军舰陆续占领中国沿海军事要塞，英国的鸦片走

私船同时跟随到厦门、舟山和吴淞口。鸦片贩子这种
猖狂的活动，属于地地道道的强盗行径。1840年、1841
年、1842年，由于战事的影响，鸦片输入量不算很大，
分别为18965、17858、18827箱，每年仍有近2万箱鸦
片走私入境。由此可见战争时期鸦片走私活动的猖獗。

3 中英双方关于鸦片 问题的"谅解"

当英国军舰抵达南京附近的江面时，道光皇帝由
于一连串的军事惨败，只好在安危之间，而不是在是
非之间，选择一条道路，1842年8月29日派代表在南
京附近的江边上接受了城下之盟，签订了《南京条
约》。英国割占了香港，勒索了2100万银元的巨额赔
款，取得了协定关税的特权；中国被迫开放了五个通
商口岸，准许英国领事驻在新辟的口岸，基本上满足
了英国政府的侵略欲望。然而，最为奇怪的是，英国
发动战争的目的本来是为了维持可耻的鸦片贸易，战
争的结果——《南京条约》除了规定清政府赔偿鸦片
费600万银元之外，对于此后鸦片贸易方式只字不提，
好像英国不是为维持鸦片贸易而战似的。实际上，这
是英国政府故意制造的历史假象。英国政府希望鸦片
贸易合法化，牟取更大的利润，但在国际国内反鸦片
运动的压力下，不便把鸦片贸易合法化的条款写入
《南京条约》，公开自己发动战争的目的。既要扩大鸦
片贸易，又要掩盖其与贩毒的直接关系，英国政府在

这种情况下，只好采用劝说的方式，诱惑清政府自动取消鸦片禁令。

1841年2月26日，英国外交大臣巴麦尊训令英国海军司令懿律及英国驻广州商务监督义律说："女王陛下的政府已经将关于中国鸦片贸易的各种情况加以考虑，我必须训令你与中国政府努力商得一些协议，把鸦片当做一种合法商业的物品准许进口。在你向中国全权大臣提出这个问题的时候，你要声明，准许当做合法贸易的一种物品输入中国的建议并非你奉命向中国政府提出的要求之一。在讨论到这个问题的时候，要不使中国的全权大臣们想到对于这个问题女王陛下政府有任何强迫手段的意图。但你必须指出，假若任凭鸦片贸易现状继续下去，两国政府之间的永久谅解是不大可能维持下去的。很明显的，中国官宪的力量是无法将中国沿海的贸易活动压制下去的，因为这种贸易对于买主和卖主的诱惑力都超过了他们对于被破获和被惩罚的恐惧心。同样清楚的是，阻止鸦片运到中国也超出了英国政府的权力，因为即使在大英帝国的属地上没有一处种植鸦片，在其他许多国家中也可以出产很多，从那里，冒险的人们，不论是英国的或者是其他国家的，就会把它们运到中国去。"因为别人可能贩毒杀人，自己就要贩毒杀人，这完全是强盗逻辑。

1841年5月31日，巴麦尊又训令新任全权公使璞鼎查说："为了维持两国间持久的真诚谅解起见，中国政府把鸦片贸易置于一个正常合法的地位是极为重要的。经验已经指明，防止鸦片输入中国，完全是中国力所不及的，而由于种种理由，使英国政府在达到这一目的上又不能给予中国政府以任何有效的帮助。但鸦片贸易既被法律禁止，它就势必要用欺蒙和暴力手段来进行。因此在中国查缉人员和从事鸦片贸易的当事人之间，必然会发生经常的冲突和斗争。这些当事人一般都是英国臣民，所以也就不能想象英国鸦片走私者和中国当局间长此进行着私下的战争，而不会危及中英两国政府间真诚谅解的事端……但所希望的是，你能够利用一切有利的机会，以你照理所想到的一切论据，力求给予中国全权大臣，并通过该大臣给予中国政府一个印象，使他们领会改变一下有关这个问题的中国法律，并以一种正常关税代替他们所不能禁止的一项贸易，鸦片贸易合法化对中国政府本身是有莫大好处的"。

以上这两道训令中关于中国鸦片进口合法化的主要理由是：中国政府没有能力阻止鸦片走私，鸦片走私势必进行下去；参与鸦片走私活动的主要是英国臣民，英国政府为保护自己臣民的活动，必然要和中国政府发生冲突，"两国之间的谅解是不可能的"。与其如此，不如实行鸦片进口合法化。采取这种方式，中国可以增加海关税收，充实国库，由此可以达到所谓的中英两国政府的真诚"谅解"。这明明是讹诈，全部的理由都是荒谬的，完全是一种殖民主义的无赖腔调。

璞鼎查作为英国殖民当局的全权大臣忠诚地执行了巴麦尊的训令。1842 年 8 月，英国军舰驶抵南京下关，清廷决定妥协投降，派伊里布、耆英赶赴南京。8月12日，璞鼎查代表英方提出谈判条约草稿的同时，就建议将鸦片作为货物纳税，公开贩卖。当时，清廷主张妥协退让的大臣，把林则徐执行的严杜外来鸦片来源的方针看成是办理不善，操之过急，把战争失败的原因归咎于禁烟，在谈判桌上又急于妥协签约，不敢理直气壮地提出禁烟事宜。相反，当英国谈判代表提出这个问题时，他们态度畏葸，不敢正面回答。8月16日，黄恩彤、咸龄往英船洽谈条约细节时，英方代表又提出"请开烟禁"问题，黄、咸二人回答："烟土一节，俟姑再商"。这显然是一种回避遁逃政策。8月26日，《南京条约》基本商妥，单等29日清廷画押，璞鼎查又以个人名义就鸦片问题发表了一通演说。事后他把自己演说的内容写成备忘录连同巴麦尊的上述两道训令一起交给清钦差大臣耆英。在这份备忘录中，璞鼎查在叙述西方国家对于酒的贸易容许、管制和征税的情况之后，旁征博引，竭力说明鸦片是禁止不了的，为了中国的利益，建议中国像西方对待酒那样去做。结论说："除非中国能完全禁止，我认为这是绝对不可行的，否则用实物买卖的方式使鸦片贸易合法化就是对这一贸易的惟一补救办法。"但同时又声明，并没有强迫中国的谈判者接受他的意见的意图。

对于璞鼎查的演讲，出席南京谈判的英国舰长利洛写道："中国代表们都承认这种说法颇能言之成理。但是他们表示大皇帝不会听从这种议论。"在当时还不宜向皇上奏请这件事。根据璞鼎查写给英国政府的报告，清钦差大臣的答复是："鸦片弛禁之事，目前不便遽然奏请。至中国官宪之责，只限于禁本国兵民吸食。各国商船是否携带鸦片，中国不必过问，亦毋庸绳之以法"。这种答复给了英国鸦片贩子既不受法律制裁，又不纳税的实惠。至此，英国谈判代表在对华鸦片贸易上已取得实质性的结果，但仍不满意。《南京条约》因此没有对此后的鸦片贸易作出明确规定。

《南京条约》签订之后，英国政府鉴于国内反对鸦片贸易运动的高涨，面对反对党的压力，仍然希望英国在华全权代表迅速使鸦片贸易取得合法地位，以便摆脱被谴责的困境。它一方面摆出不支持鸦片走私贸易的姿态，一方面训令璞鼎查加紧劝说清廷自动开禁。1843 年 1 月 4 日，英国新任外交大臣阿伯丁指示璞鼎查说："对从事非法投机的鸦片走私者不予保护和支持"，并告诉璞鼎查，枢密院已授权英国公使禁止在香港进行鸦片贸易。同月，璞鼎查在广州与钦差大臣伊里布会晤时重提鸦片弛禁，同时交给伊里布一份备忘录。其中说："我愿意发表公告，告诉所有英国臣民遵守中国政府的要求，警告他们如果无视这一要求，舰只和货物就有被没收的危险。"这只是向中国代表摆一摆英国代表貌似公允的样子而已。1843 年 6 月，英国译员马儒翰奉命利用钦差大臣耆英到香港议税的机会，再度劝说耆英。耆英不敢断然拒绝，建议每年定鸦片税额为 300 万元，由英国公使保交 10 年，10 年后税额再定，现在先预付 5 年税额 1500 万元。耆英试图以重税难之。璞鼎查认为这种建议不切实际，予以拒绝。7

月下旬，璞鼎查再次向耆英递交鸦片问题的备忘录，重提鸦片弛禁的好处，并恫吓说，他已获得禁止鸦片进入香港的权力，如果香港禁止了鸦片进入，会迫使载运鸦片的船只深入内河，事情会变得更糟。耆英得悉英国政府授权英国公使在香港禁烟，表示："中国鸦片各条例，均所以约束中国人民，未尝禁及外国。亦犹贵公使之能禁英商，而不能禁他国也……嗣后英国商人夹带鸦片者，应由贵公使禁止进口；中国商民贩卖吸食者，应由本大臣等饬各管官严行查拿，有犯必惩"。"至所论拟收平允之税一节，事无把握，又无成说，非奏明请旨，此时不敢遽议也"。璞鼎查无奈，只好将耆英的回文发回伦敦，并向外交大臣阿伯丁汇报说："无论这一文件或其他换文怎样谈鸦片贸易，我有最充分的理由怀疑，在中国官员中，百个中是否有一个完全赞成禁止这一贸易"。璞鼎查一方面竭力使英国政府相信中国不会真正禁烟，另一方面为了欺哄国内舆论界，于8月1日在香港发布命令说："鉴于中国皇帝的谕令和法律已经公布鸦片贩运是非法的，任何人从事这一贸易将自负其责，如果英国臣民从事这一贸易，将不会得到女王陛下的领事和其他官员的保护和支持。"璞鼎查这一公告显然不是向中国政府表明其真正态度，而是向英国公众表白英国政府与鸦片贸易没有什么关系。正如英国鸦片贩子孖地臣给他的英国朋友的信中所说："公使发表了一个措辞激烈的布告，等于零！是说给英国的圣人们听的。亨利爵士（即璞鼎查）绝不会想到要去执行它，而且私下肯定会把它当作一个绝妙的笑话。不管怎么说，他准许鸦片在香港上岸和存放"。

10月，在《虎门条约》的谈判过程中，璞鼎查又派马礼逊重提鸦片开禁问题。耆英认为，道光皇帝是主张禁烟的，改变皇帝的意志是危险的，仍表示没有上谕，不便讨论此事。但向璞鼎查口头保证，"不管外国商船带不带鸦片，中国不必查问，也不采取任何行动"。就这样，英国侵略者与卖国的清政府在鸦片走私问题上取得了"谅解"。由于表面上没有废止道光帝颁布的禁烟谕令，顾及了道光帝本人的尊严，不论对国库收入有无好处，道光帝也只好默认了。此后，道光皇帝仍在国内坚持发布禁烟谕令，但很少再提查究外国鸦片来源问题，显然已经改变了1839年禁烟时那种除恶务尽的初衷，改变了以断绝来源为主的方针。

事实也是如此。1852年，德庇时说："战争以来，至今已近十年。在这段时期中，众所周知，清政府没有采取任何禁止鸦片的措施……耆英在1844年给了我一封短信，坦率地指出：鸦片贸易可以在双方默契下进行。按照这一默契，实现和平后，一次有关严禁鸦片的公告也没有发表过。"在这种政策的指导下，鸦片战后的十几年时间里，清政府不仅对外国鸦片走私不加干涉制止，而且对国内吸食、贩卖鸦片活动亦撒手不管。与此相应，英国政府一待国内反鸦片运动稍稍低落，便把自己的禁烟声明撕毁。1844年4月16日，璞鼎查指示英国驻上海领事巴富尔："据我所知，英国法律没有给你权力去直接干涉任何载有鸦片的船只"。

不久英国外交大臣阿伯丁写信告诉璞鼎查，可以取消香港的鸦片禁令。就这样，中英两国政府代表就鸦片贸易达成了"谅解"。英国方面尽管没有达到使鸦片开禁的目的，但取得了事实上的鸦片贸易"认可"，既不禁止，又不纳税，取得了最大的实惠；清朝方面表面上保持了鸦片禁令，但实际上放弃了禁烟权利。一个得到了实惠，一个顾全了面子。

4 鸦片消费重心的转移

英国政府割占中国香港之后，立即把这个小岛变成为鸦片在远东地区的主要集散地。1843年，《南京条约》生效后，外国鸦片贩子立即麇集到香港筑室建房，开设趸船停放的码头，把它变成为"自由的"鸦片仓库，到了1845年，就有80艘装运鸦片的快船往来于香港。五个口岸陆续开放后，外国鸦片贩子纷纷抢占最有利的走私地点，走私活动比鸦片战前更加猖狂。在广州，鸦片船只最初停靠在离黄埔仅3英里的地方，后来把河口西边的金星门作为永久的停泊地。在福州，1845年有2艘双帆鸦片船停泊在闽江口作为鸦片临时仓库。在厦门，1850年停泊着颠地洋行的三桅帆船"阿美士德勋爵"号，怡和洋行的"开路者"号，合记洋行的纵桅式帆船"保王党"号。在宁波，有2艘鸦片船经常停在镇海河口。上海开埠之后，很快代替了广州，成为最重要的鸦片输入口岸。1849年，由上海一埠入口的鸦片几乎等于输入总量的一半。1857年，从上海入口的鸦片有 31000 箱，成为最大的外国鸦片市场。由于上海消费鸦片数量陡增，外国鸦片贩子都把上海作为鸦片走私的主要目标，1848 年停泊在吴淞口的鸦片趸船有 12 艘之多。1854 年鸦片搬入上海的仓库，停泊的鸦片趸船仍有 10 余艘。外国鸦片贩子不仅在通商口岸大肆兜售鸦片，而且把船停泊在没有开放的海港附近，漳州、天津、威海卫、南澳、锦州等附近都停靠着数目不等的鸦片船只。一句话，自南而北，中国的大小海口都有鸦片船停靠。

五口通商时期，鸦片走私贸易的发展十分迅速，外国鸦片贩子之间的竞争也十分激烈。"走私制度已经达到高潮，竞争的狂热吞噬了一切鸦片烟的商人，没有一个公司不想尽最好的走私办法，企图胜过它的竞争者"。英国、美国的鸦片走私者还彼此互相夸耀他们的走私装备。在这一时期，走私鸦片的交通工具又有了新的改进。从 1850 年开始，美国人发明的汽轮船加入走私船的行列，鸦片运输已不受季风的影响。到 1858 年，已经有许多美国造的汽船在中国沿海飞速航行。这些汽船抢先把加尔各答有关鸦片的消息传递到新加坡、香港，再从香港传递到上海等口岸，然后把鸦片销售的情况迅速带回鸦片产地印度。这些鸦片船全都装备着精良的武器，船员们全副武装，不是为了对付中国水师的搜查，而是为了防止海盗的突然袭击。

由于清政府的放纵，鸦片在各地的销售已不需要隐蔽进行。在上海，鸦片成了唯一不受检查的进口货物，可以在海关官员面前抬进抬出；在广州，鸦片在街道上成箱地公开运送，并且像非违禁品一样公开销售；在福州，几乎每天都有人在离海关大门不到 10 尺的地方搬送鸦片上岸；在厦门，鸦片小艇像渡船一样来来去去，公开在街上兜售叫卖，在宁波，鸦片贸易也同样是公开的。

五口通商时期，海关管理混乱，鸦片输入又是走私性质，输入中国的鸦片数量，缺乏精确的统计。根据马士的估计，从 1840～1858 年的 19 年间，中国消费的鸦片约有 808125 箱，若以平均每箱 550 元推算，总价值有 444468750 元，相当于一次国际战争的巨额掠夺。

鸦片战争前，烟毒主要泛滥于广东和福建。鸦片战争后，上海日渐成为最大的毒品口岸，浙江、江苏、安徽等省成为鸦片的重灾区。例如，浙江"黄岩一县，无不吸烟，昼眠夜起，呆呆日出，闻其无人，月白灯红，乃开鬼市"。据《松江府续志》记载："吾郡自道光以前吸食者无多，季年以后，其毒乃不可遏，通衢列肆，嗜者日众，城市而外，浸及乡镇，一日之费倍蓰米粮，往往因之败业，以促其年。"道、咸年间的南汇县，吸食鸦片者不仅城镇遍染，乡僻村镇亦然。江南，中国最富饶的鱼米之乡，最发达的商业地区，已被弥漫的烟毒笼罩，鸦片消费的重心已由广东转移到江浙地区。鸦片烟毒不仅摧残着一个伟大民族的肌体，而且破坏着中国的生产力和商品市场；不仅败坏了炎黄子孙的道德观念，同时还促使家庭、社会稳定结构逐步解体。英国的工业品在中国不能顺利推销，唯一的原因是中国可以动用的现银被鸦片所吸收，从而对英国的制造品缺乏支付能力。

鸦片贸易合法化

鸦片贸易从 19 世纪开始在人类道德法庭上就被看成是可耻的罪行。在东方它激起了整个中华民族的极大仇恨，在西方它同样受到一切有正义感的人士的鄙视。英国政府发动对华战争时，曾遭到国内舆论的激烈批评，在下院仅以微弱多数通过了战争决议。战争结束之后，鸦片贩子在军舰的保护下更加疯狂地走私。英国人民对于本国政府在中国强制推销鸦片的政策的抨击更加激烈。侨居在伦敦的马克思经常搁置自己的研究计划，为《纽约每日论坛报》等撰写评论文章，批评不义的政策和战争。在公众舆论压力之下，英国政府的发言人辩护说，它出动军舰是为了保护女王陛下臣民的财产和安全，是为了保护英国的国旗，不是为鸦片而战。至于鸦片走私是由于中国政府无能禁绝，英国没有制止鸦片输入的义务。这种谎言是骗不了人的。维持鸦片走私状况，使英国政府既受到国内人民的批评，又受到国际上的压力，处于很难堪的境地。为了摆脱这种尴尬的处境，英国政府曾一再训令其驻华公使千方百计促使中国承认鸦片贸易合法地位，以便把鸦片贸易的责任推到清政府身上。

1844 年，德庇时代替璞鼎查成为英国驻华全权公使。他多次向清政府的外交代表说明鸦片合法化的好处，中国代表耆英感到疑惧和戒备，没有积极反应，德庇时在任时没有就鸦片合法问题取得任何进展。1848 年，文翰继德庇时兼任驻华公使，对于促致中国解除鸦片禁令，他似乎信心不足，除 1849 年 2 月 15 日向两广总督徐广缙提出过鸦片开禁的建议外，没有特别积极的努力。这时，驻上海的英国领使阿礼国对于鸦片贸易合法化问题格外热心。1849 年他向英国下院特别调查委员会递交了一份《当前的局势和我们与中国关系的意见书》。在这份意见书中，他强调指出，中国对英国产生的敌对情绪和不信任态度根源于鸦片问题，认为英国解决鸦片走私问题的方法有三种：一是说明鸦片未必是一种纯粹的祸害，英国不是这种贩运的原始根源；二是对于鸦片合法化的要求进行修正；三是教育说服和威胁恐吓要交替使用，并且要以强迫作为最后手段来取得一切公正和必需的让步。在这三种方法中，侧重点是以武力强迫中国承认鸦片贸易合法化，必要时，不惜拔出刀剑来。1856 年英国政府以"亚罗"号事件为借口，毫不犹豫地拔出了刀剑。

1856 年 10 月 8 日，广东水师千总梁国定在停泊黄埔港的一艘名为"亚罗"的商船上逮捕了两名中国海盗和 10 名嫌疑水手。这只船原系中国人苏亚成打造，因船长甘纳迪是英国人，为走私方便起见，船主苏亚成曾在香港注册，并以 1000 银元买得香港当局的通航证。在中国水师捕捉海盗时，该船已超过一年限期 11 天，通航证自然失效，不属英国领事保护范围。何况，"亚罗"号不管是否悬挂英国国旗，它既然参与了海盗走私活动，广东水师完全有权缉拿海盗，拘留、审查与海盗在一起的嫌疑水手，这完全是中国的内政，与英国政府毫不相干。可是，刚从英国伦敦回来的英国驻广州代理领事巴夏礼，为了适应鸦片贩子的战争要求，为了执行巴麦尊对清政府"提高嗓门"的训令，便制造借口说，"亚罗"号是英国船，声称水师上船捕人有损英国领事的体面，要求清政府赔礼道歉。他无中生有地说，广东水师官兵曾扯下悬挂着的英国国旗，是对英国政府的侮辱。10月21日，巴夏礼无理要求两广总督于24小时内送回水手，赔礼道歉，"如逾期不允所请，即进兵攻城。"两广总督叶名琛怕事态扩大，屈服于侵略者的压力，将拘捕的12名人犯"一并交还"。巴夏礼不肯罢休，借口礼貌不周，拒不接受，挑起了新的对华战争。

1857年4月20日，英国外交大臣克勒拉得思在给英国侵华军全权专使额尔金的训令中说："鸦片贸易合法化是否将扩大鸦片贸易，还有疑问，因为现在的鸦片贸易，在地方当局的许可与纵容下，似乎已达到充分满足中国鸦片需要的程度。但是以完纳关税把鸦片贸易置于合法地位，显然是比现在这种不正规的方式更为有利"。由此可以看出，英国政府发动新的对华鸦片战争的目的非常明确，除了进一步扩充鸦片市场之外，更重要的是，要把"鸦片贸易置于合法地位"，使英国政府摆脱压力，处于"更为有利"的地位，这是第二次鸦片战争的本质问题。

19世纪50年代，由于太平天国农民起义的烽火迅速向全国蔓延，为了筹足镇压农民军的经费，清廷开始讨论弛禁鸦片，征收毒品税厘问题。1852 年 12 月，御史张炜、给事中吴廷溥连续上奏，请求弛禁鸦片，征收烟税。他们共同认为，禁烟日久，奉行不善，明为禁止实为不禁，流弊丛生，莫如弛禁，解决财政困难。这说明英国公使的劝诱已起了作用，清廷准备在鸦片问题上与侵略者携起手来，停止抗争，承认合法，以便对付国内人民的起义。清廷讨论的结果是："鸦片为流毒之物，税不宜增，定例有专立之条，刑无可减"。1855 年，太平军在西征战场上已获得辉煌胜利，清朝统治危机加重，为了筹足军费，河南布政使英启又一次提出征收鸦片烟税问题。与此同时，上海道台开始与中国鸦片商接触，准备征收"义捐"，清廷不加阻拦，等于默认。

1858 年初，英国公使额尔金看到清政府为筹措军饷，急于使鸦片贸易合法化；得知美国公使已改变了原来反对鸦片的立场，对于鸦片贸易合法化准备给予声援。他觉得向中国谈判代表建议鸦片合法化的时机已经成熟了。然而在 6 月的中英天津谈判桌上，狡猾的额尔金并没有立即把这一问题提到桌面上来。原来，他也认为鸦片贸易并不光彩，若在当时压迫中国代表接受，害怕引起强烈的谴责。这一点，他在答复美国公使列卫廉的信中说得很明白。"当我决定不强迫天津的钦差大臣们对这件事加以注意时，这并不是因为我对这种贸易合法化的优越性有所怀疑，而是因为当我们在天津所施的那种压力的影响下，去强迫皇家政府放弃在这方面的传统政策，我在道义上是说不过去的"。好一个讲道义的君子！仅仅过了两个月，他就丢掉了道义。当中英代表 10 月在上海重新开始谈判时，额尔金向中方提出了鸦片贸易合法化的建议，清政府的谈判代表没有表示任何反对意见，只是做了一些特殊规定：外国进口商只准在口岸出售鸦片，一经离口，即属中国人的货物，鸦片的子口税如何抽征听凭中国政府规定。中国承认鸦片贸易合法，英国政府达到了目的，从此以后，他们再也不必为鸦片走私感到耻辱了，因为中国人"自愿"承担了责任。

五 洋药与土药

　　中国通商善后条约在上海草签之后，在清朝的官方文书中，外国鸦片出现的地方，统统易名为"洋药"。为什么把外国鸦片改名叫"洋药"？有人说："以昔年原照药材上税故事也。"这种解释固然有一定道理，但似乎还有一层意思没有完全揭破。自1796年清政府正式下令禁止鸦片入口以来，在天朝皇帝的圣训中它已被判定为伤财害命的毒品，在社会上它已成为一个邪恶的名词。承认鸦片合法化，对于至高无上的咸丰皇帝来说，是一件令人难堪的事情，不仅意味着违背祖训成法，而且还有纵毒之嫌。但为了维护王朝的统治，又不得不承认它，只好讳其名为"洋药"，以逃避来自清廷内部的批评意见，完全是自欺欺人的行为。既然外来鸦片有了一个固定的专用名字，那么中国的土产鸦片也就同时获取了一个相对的名称——"土药"。这种对于鸦片的称呼直到1906年清廷在全国重新发动禁烟运动时才有变化。从1859年到1906年，在鸦片祸国史的分期上正好是一个时代，恰与上述两种称呼相伴随。

这里着重谈一下弛禁时期"洋药"贸易与"土药"生产、消费情况。

洋药的税厘与走私

中英上海通商善后条约签订之后，为适应这一政策的巨大变化，不得不对以往的有关鸦片的禁令条例进行修订。1859 年颁布的新条例，简而言之，继续禁止官员、兵丁、太监等人吸食、贩卖鸦片，一般民人概准吸食，聚集吸食不要超过 5 人；不准开设烟馆。于是禁令大开，不但一般老百姓可以吸食，官员、兵丁、太监吸食贩卖，在实际生活中也不受丝毫干涉限制；到处烟馆林立，并无任何取缔行动。禁令等于虚设。

1859 年，清政府对于洋药税厘的征收办法进行过几次讨论，确定的办法是，将上海每 100 斤鸦片征收税银 30 两的办法推广到各海口及内地船只能航运的税关，在各省旱路转运的地方减去 10 两运价，每 100 斤鸦片征银 20 两；不准各府州县"影射私征"，洋药关税单独核算，归入国库，不得奏留抵充别项开支；每 3 个月奏报、解运一次。各省征收的鸦片厘捐数量不同，广州每 100 斤鸦片征 50 两银；福建以箱为计量单位，每箱 36 两；江苏每箱 32 两；直隶每箱 24 两。进入内地之后，还要过一关征一关。所以，鸦片内地厘捐的征收，使鸦片在内地的销售价格又高出许多。

鸦片贸易合法化之后，香港这块殖民地最初仍为远东鸦片最重要的集散地。凡是从印度贩运来的鸦片，一般是先运到香港，上税之后，方准运往各口。输入香港的鸦片数量急剧增加，1859 年为 54863 箱，1881 年为 98556 担。外国鸦片贩子为了牟取暴利，不顾中英双方条约，继续从事非法走私。鸦片走私在 1859 年以后依然十分猖獗。由于香港、澳门的有利位置，两地继续成为鸦片走私的大本营。香港四面环水，靠近海岸，加之广东水路多歧，各种船只随时可以靠岸，防不胜防。这一时期，在香港附近从事鸦片走私活动的，既有外国人，也有中国人。中国的走私者或驾小舟偷渡，或勾结官方武装运销，气焰嚣张。另据拱北海关报告，澳门每年走私的鸦片约有 4000～6000 担。在汕头走私也很普遍。这一时期的海南岛也是鸦片走私地区，从印度运来的鸦片，有的不到香港报税登记，直接运到海南岛兜售。其他沿海口岸的鸦片走私也很频繁。1881 年李鸿章写道：“各省滨海之区，袤延万余里，河港纷错，沙岸无垠，势难处处设关，节节防查。其偷入内地之后，路径四通八达，或假冒官车镖差，或附搭春船行李，狡谋诡计，百出不穷，至卖放包庇之弊，在所难免。巡丁岂知大义，洋药价值甚昂，走私者即偶被查出，但分给时值中之一二，巡丁得此，已足偿数月之辛，未有不纵放者。更有豪强之徒，纠合亡命，执持兵器，包揽闽越，结帮兴贩，关卡巡役单弱，往往熟视无可如何。”

总之，在鸦片贸易合法化之后，走私贩运鸦片的活动仍很普遍，鸦片贸易合法化并不能阻止鸦片的非法运销。与以前相比，这一时期的走私者主要是沿海地区的不法之徒，他们尽管不像外国鸦片贩子那样大规模走私，但由于参与的人数众多，走私鸦片数量很大。在 60 年代，运到香港的鸦片平均有 1/4 是通过走私的渠道进入中国内地。例如 1869 年运到香港的鸦片有 8.8 万箱，进口报税的只有 5 万箱左右，其余 3 万余箱是通过走私途径进入的。据各种资料综合推算，从 1859～1887 年，每年平均走私输入中国的鸦片不少于 2 万担。

2 土药的生产与禁止

1859 年，清廷重新颁发的鸦片章程，除了保留禁止开烟馆，禁止官兵、太监、士子吸食鸦片之外，其他内容一概删去，以往对于私种罂粟处以死刑的条例同时废止，种植罂粟，熬制土膏于是可以公开进行。4 月 28 日，惠亲王绵愉奏请将洋药、土药一并抽厘，立即得到批准。征收土产鸦片税厘，意味着承认生产的合法，发放了生产的许可证。罂粟种植解禁的结果是，从前种植各种各样农作物的大量土地，开始改种罂粟。因为种植罂粟每亩可以收获 50 两左右的生鸦片，相当于种植粮食作物的几倍收益。这不能不刺激土药生产的迅速扩大。咸丰后期，有人看到云南、贵州、四川境内连畦接畛种植的罂粟，叹惜沃土肥壤极大地浪费。同治年间，甘肃兰州、浙江温州、四川涪陵、江苏宿迁和砀山等地已广泛种植罂粟。小小一个涪陵县所产土药，每年可以招来湖南、湖北、江西、广东等大批商人前来预订购买，"大吏移土厘局于涪，以道员督理税收，每年数十万两"。

同治年间，清廷对于弛禁罂粟是犹豫不决的。1865 年曾下达了一道禁种命令，但未认真执行。1868 年又颁布了一个查禁罂粟章程，也未认真推行。同治末年，对于是否禁种罂粟，还在讨论。有人认为，洋药来源不能断绝，禁止生产土药势必不能，也无必要，主张"候外洋鸦片不来，再严中国罂粟之禁"。恭亲王奕䜣、李鸿章等人也认为，不能禁止外国鸦片输入，只有暂弛罂粟之禁，"阴相抵制"。李鸿章在《筹议海防折》中说："为今之计，似应暂弛各省罂粟之禁，而加重洋药之税厘，使外洋烟土既无厚利自不进口，然后妥立规条，严定限制，俾吸食者渐戒而徐绝之，民财可杜外耗之源，国饷并有日增之势，两得之举也。"这是统治阶级弛种罂粟的全部理由，美其名曰抵制洋药入侵，夺洋商之利权，实际目的增加税源，挽救王朝的财政危机。在这里，不道德的厘捐，被说成道德的义举和国家的需要，黑白竟然如此颠倒，实足证明统治者的无耻。此种以毒攻毒，饮鸩止渴的方案，是以牺牲无数中国人的生命为代价，与英国殖民强盗共同抢夺中国百姓手中十分有限的财富。此后的事实证明，大量种植罂粟的结果，尽管对洋药的大量入侵起了一些抵制作用，但要使洋药无厚利，"自不进口"，是不可能的。

罂粟种植弛禁以后，由于种种原因，清政府又曾暂时下令禁止。1876年开始，山西、河南、陕西、直隶、山东5省出现特大旱灾。山西旱情最重，受灾州县80余，盗劫成风，待赈饥民不下五六百万之多。河南受灾23州县，户少炊烟，道殣相望。据赈灾官员讲，往来二三千里，目之所见，皆系鹄面鸠形，统计一省之内，每日饿死者不下千人。这场旱灾到1878年尚未解除。山西巡抚曾国荃在分析成千上万人被饿死的原因时指出，除了旱情特别严重之外，主要原因是山西大量种植罂粟，粮食储存太少，"猝遇凶荒，遂至无可措手"。为了安定社会，必须查拔罂粟。1878年3月，清廷批准曾国荃的奏章，将山西制定的查铲烟苗章程向全国推广，勒令各省"一体严行查禁"。这次禁种罂粟，陕西、甘肃、山西比较积极，很有成效，但没有长期坚持下去，很快宣告失败。

　　1882年，张之洞调任山西巡抚，这位清流派的名士踌躇满志，决心一展抱负，从查禁罂粟种植入手，整顿山西的纪纲风俗。当年7月26日，他就奏请禁种罂粟，强调指出，山西土地贫瘠，产粮无多，从前靠邻省接济。广泛种植罂粟之后，夺民衣食，假若出现大的自然灾害，后果不堪设想。他说山西吸食鸦片成瘾的人遍及社会各阶层，"大率乡僻居其十之六，城市居其十之八，人人尪羸，家家晏起，怠惰颓废，毫无生气"，社会生产力遭受严重破坏。他认为以往禁烟失败的教训有两条：一是上官禁弛不一，朝令夕改；二是官吏视鸦片为利源，图收烟税；克服了这两种弊病，查禁鸦片的种植和吸食，一定可以取得成效。清廷接到张之洞的奏折，仅仅一般性地批发道："民间栽种罂粟有妨嘉谷，屡经严谕申禁，仍著该抚随时查察，有犯必惩，以挽颓俗"。清廷没有彻底实行禁种的诚意和决心，但又不便公开阻止张之洞在山西实施禁烟。而张之洞需要的是清廷的允诺，一接到谕旨，就积极准备在辖区内发动禁烟运动，或颁布章程，或派军队查拔罂粟，取得了明显成绩。但他 1884 年离任之后，罂粟的种植又遍地皆是。这次局部禁烟失败之后，人们很少发动大规模的禁烟运动。

3 贫困的"东亚病夫"

同光以来，在清廷和各地官员放纵、鼓励和保护土药生产贸易政策的影响下，罂粟的种植面积越来越大，土药的产量越来越高。四川号称"天府之国"，土地肥沃，气候湿润，特别适宜各种农作物的生长。光绪年间，四川成为全国最大的鸦片产区。罂粟不但占用了大量良田，就连山林深处，沟壑溪畔，都处处盛开着罂粟花。云南的罂粟种植面积和产量仅次于四川，一到罂粟花盛开的时节，满野缤纷，遍地毒卉。贵州的农民将罂粟"视同禾稼，连阡越陌，手胼足胝，微利所归，群相竞取"。1882 年有人估计："中国四川、云南、贵州三省，共出烟土 265000 担，三处土人所食仅需 165000 担，余皆分运近省"。1906 年国际鸦片委员会估计，四川生产的土药有 238000 担，云南为 78000 担，贵州为 48000 担，三省共计 364000 担，占全国鸦片生产量的 2/3 左右。若以平均亩产 50 两推算，三省播种罂粟面积为 11648000 亩。

山西人认为种植罂粟比起粮食作物来，可以获取成倍的利益，便把最肥沃的土地种植罂粟，而将粮食作物种在贫瘠之地。岁征土药地亩税 1099400 两，坐贾厘金 96000 两，行商税银 57700 两。1906 年国际鸦片委员会估计该省产土药 30000 担。陕西渭南土地肥沃，水利灌溉条件良好，以往每年有大量商品粮运出。光绪初年以后，罂粟遍植，所产粮食不足供应本区需要。甘肃土地不甚肥沃，而罂粟种植无处不有。按国际鸦片委员会估计，陕、甘、晋三省所产的鸦片共有 114000 担，种植面积约有 3648000 亩。

江苏北部的徐州在咸、同时期已经成为全国著名的鸦片产区，历久而不衰，所属八州县"几乎半植罂粟"。浙江台州所产鸦片与徐州相齐名，"每年所植罂粟，出浆不下数十万石"。安徽种烟最盛之区，向以宿州、涡阳、亳州、阜阳、太和、蒙城为最，"原隰龙鳞，弥望皆罂粟花，嫣红夺目"。三省所产鸦片不下 70000 担，"烟田当为 2300000 亩"。

光绪时期，东北三省也是鸦片重要产区，1884 年有人说，东三省所种罂粟不下十之六七，每当花开时节，满山满沟。据国际鸦片委员会 1906 年估计，该地所产土药共有 15000 担，种植面积应有 480000 亩。

其他省区，如山东、河南、直隶、福建等省虽无鸦片集中种植区，也普遍种有罂粟，"几乎无地蔑有"。

1897 年，赫德估计全国鸦片产量为 334000 担。

1900 年莫尔斯估计全国的土药为 376000 担。1906 年，国际鸦片委员会估计全国所产鸦片有 584800 担，若以平均亩产 50 两推算，种植总面积为 18713600 亩。1905 年，清廷户部也有一项估计，数字大得更加惊人。"内地种烟之地约计五六十万顷，产土近四百万石"。以上这些估算，尽管有较大出入，但都一致反映出，土产鸦片数量十分巨大。中国所产鸦片，很少外运，绝大部分被中国的瘾君子吸食。这不仅意味着每年近 2000 万亩的土地被白白浪费，粮食种植面积大幅度减少，而且说明了吸食毒品的严重程度。

随着土产鸦片数量的急剧增加，吸食鸦片的人数越来越多。出产鸦片的地区，不仅成年男子绝大多数染上烟霞癖，就连妇女儿童也不能幸免，家家都有鸦片烟具。富裕人家，以买食"洋药"夸耀乡里。下层劳动者以土药为消费对象，多数人把吸食鸦片当成消除劳累的一种刺激品。鸦片烟馆遍及各城乡镇，为吸食鸦片者提供了十分便利的条件。"鸦片烟馆随地皆是，错杂民居，核而计之，约得十与一之比例，无论山乡僻壤，甚至不成聚落之地，操此业者，必有数家，入其室横陈其间者，曾无虚榻"。街市上所开设的各种酒店、茶社、旅馆、妓院，通常为满足客人的临时需要，置备着烟枪、烟灯等烟具。据《申报》的粗略统计，1872 年上海大小烟馆有 1700 余家；1906 年重庆有烟馆 860 家；就连吸食风气不那么盛行的湖南长沙也有烟馆 554 家。由此可以想见各城乡镇烟馆林立的景象。

上海是当时鸦片消费的最大毒窟，从进口外国鸦片到批发、转销，再到消费零售都有专门的商业机构。大同行专门负责进口印度及其他国家的鸦片；小同行在大同行批发到鸦片后，再批发转销内地；挑膏店专门负责熬制鸦片膏；鸦片烟馆为消费者而设，从豪华烟店到一般烟店，适应各阶层的需要。大同行主要由外国人垄断，著名的洋行有英国人开设的怡和洋行，英籍犹太人的新康、老沙逊、新沙逊、哈同洋行，还有英籍阿拉伯人开设的"白头行"。上海经营鸦片销售的商业团伙是"潮州帮"，后来又有"广州帮"。属于潮州帮的挑膏店有林恒丰等数十家，属于广州帮的也有数十家，其中以广诚信、广诚发、广诚昌、广福和、赵南来等最为有名。在1700余家烟馆中，法租界的眠云阁最为有名，铺设精雅，茗碗灯盘精巧无比。馆主虽是一位女性，却算计精明超过同行。她首先雇用青年女子为堂馆，以广招徕，其他烟馆后来也纷纷仿效。能与眠云阁相比的烟馆是南诚信，内部陈设在同行中首屈一指，红木梨花烟榻，云铜黄竹枪，银灯铜斗，光彩耀目。南诚信分东西二厅，每厅设榻20。特设豪华雅床，每室一榻或双榻，四壁悬挂名人书画。同光时期的上海人以吸食鸦片为时髦风尚，官僚买办以至各个社会阶层的人都将吸食鸦片视为交际场中的应酬品，或在烟馆边谈生意边抽鸦片，或借故赏月评花，陶醉于鸦片麻醉状态，社会风气日渐败坏。

蔓延全国的鸦片烟毒，主要是高级统治集团竞相奢侈影响的结果。慈禧太后吸食鸦片是众所周知的事

91

实。大学士瞿鸿礼、睿亲王魁斌、庄亲王载功、都御史陆宝忠、副都御史陈名侃、外务部侍郎唐绍仪等人都是烟瘾很大的烟鬼。就连专门著书立说，反对吸食鸦片的张之洞也是一个地地道道的瘾君子。各省督抚衙门同样吸食鸦片成风，例如，贵州巡抚庞鸿书、学政陈骧、布政使松堮、按察使严隽熙，竟然全是鸦片的俘虏。各府、州、县衙门吸食风气更盛。1910 年的一项统计，称全国戒吸烟片的官员有 1 万人。这尽管不是吸食者的实有人数，但足以说明官场吸食鸦片的普遍程度。军队吸食鸦片的现象也很严重。福建的清军染有鸦片"嗜好者几于十之六七"，成都的清军是"沾染殆遍"。

如前所述，全国鸦片吸食者数以千计。此外，在通商口岸的经济比较发达的省区，吞服和注射吗啡的风气正在迅速蔓延。数以吨计的外国吗啡，"正在牢牢地抓住中国人"。数以千万计的鸦片烟和吗啡患者，加之缺乏医疗条件等各种疾病患者，使大多数的中国人身体素质严重不良。中国人因之被外国人讥讽为"东亚病夫"。是的，19 世纪末、20 世纪初的中国人身体素质不良。身体素质的不良在很大程度上是由鸦片烟毒造成的，而鸦片的弛禁与吸食毒品问题是英国侵略者逼迫的结果。侵略者无权讥讽中国，他们应当对自己的罪行忏悔！中国近代的经济贫困与中国人身体素质的下降，都是帝国主义侵略造成的。

六　清末民初的禁烟运动

1906年，清政府对于鸦片烟毒造成的社会、政治和经济危害有了新的认识。它趁英国强行维护鸦片贸易政策有所松动，借助国际国内反对鸦片贸易运动的高涨，自上而下地发动了一场大规模的禁烟运动。在这场运动中，通过外交谈判，使英国政府承担了以每年递减1/10的比例，以10年为期停止向中国输入鸦片的义务，中英双方缔结了两个重要的鸦片条约。在内政方面，清廷颁布了一个个禁烟查验章程，下达了一条条命令，把禁烟视为大政方针，试图以此为契机，转弱为强，振兴中华，巩固自己的统治。清末禁烟运动在人民积极支持下，取得了相当大的成绩，获得了国际国内的一致好评，其中有许多值得吸取的经验和教训。1911年10月武昌新军起义，资产阶级革命风暴席卷全国，此起彼伏的政治事件和热潮吸引了人们的全部注意力，前清尚未解决的鸦片问题一度被淡化。但随着政治形势的明朗化，决斗场上的胜利者立即把鸦片作为扫荡的目标，并取得了暂时的胜利。

禁烟运动的起因

清政府对于鸦片流毒的严重情形是十分清楚的，并且负有不可推卸的责任。1905 年，户部上奏说："窃自洋药之毒已深，土药之禁已弛，始图抵制，终至泛滥，内而年增千百万无形之惰废，外而年铄数千百万立罄之脂膏，国计民生两受其害，故中西智士咸谓中国欲为自强计，为致富计，均非禁烟不可。然一禁则百难毕集"。清廷当时面临的主要难题有二：其一是无法禁止外国鸦片的输入，其二是很难筹措大宗款项抵补鸦片税厘，因为鸦片税厘已经成为维持王朝统治的主要财源。19 世纪末 20 世纪初，鉴于甲午战争的失败，一些官员认识到了鸦片的危害，但提不出切实有效的办法。

到 20 世纪初年，禁烟问题受到越来越多的人士的关心。首先是中国的知识分子又一次开始呼吁禁烟，他们一方面指出封建专制制度是国家衰败的政治根源，一方面指出军事上连续失败的主要原因是鸦片造成的。"凡吸烟之人不耐劳苦，筋力减也；不能振作，精神颓也；不思久远，心术坏也。图片刻之安不问来日，贪一身之适不顾全家，安能任以天下事哉！以至朝廷无刚断而官弱，胶庠无气节而士弱，举天下群趋于萎靡而无勇往直前之慨，皆鸦片阶之厉也……不先禁烟，即开矿亦无用也，矿之所出不敌烟之所耗，相安糜费储积仍无由基，是灌漏卮也。即练兵也无裨也，持载之士即属吸烟之徒，一遇惊慌遁逃惟恐不速，是张空拳也"。在他们看来，中国的前途存亡，实以鸦片烟能否禁止为断。鸦片是全体中国人的公贼，应当急起驱除。救中国之亡不能不驱除鸦片，不驱除鸦片不能救中国之亡。把扫除鸦片烟毒看成是国家转弱为强的根本转机之一，这样的社会舆论对于禁烟运动的兴起有重要促进作用。

　　光绪初年禁烟失败后，在华的外国传教士继续努力宣传鸦片造成的社会危害。《万国公报》基于人道主义的考虑，一贯反对毒品贸易。该报有大量关于鸦片的论文和消息报道，尽管有些内容不免对英国政府的罪责有所开脱，但没有一篇文章支持鸦片贸易。在这个时期，西方传教士反对鸦片贸易的真诚是无可怀疑的。为了使英国人了解鸦片的毒害和中国人对鸦片贸易的憎恨，有的传教士将有关论述编印成书，在英国散发。《关于吸食鸦片的真相》一书中有这样一段话："我们亏负中国太多，我们伤害她土地上的百姓太深。已经造成的祸害我们不能除去，正在形成的祸害我们也无法阻止。由于我们供应鸦片使中国百姓受到诱惑，使他们的政府被迫准许进口。他们已经养成吸食鸦片的习惯，这样的习惯将摧毁他们的家庭和他们自己。作为一个民族和一个国家，我们已使罪恶成为行动的力量，而这种力量又非我们现在所能控制。我们对中国和中国人负有责任。如果由于使用鸦片在中国造成摧残与死亡，是由于英国的一些个人的行为造成的，那也就够糟了；但如果是由于英国政府的行动所造成的，那么造成罪恶的责任便落在我们全体人身上，我们每个人都对中国负有责任。"这大致可以反映英国传教士的观点，可以说明传教士反对鸦片贸易的心理原因，可以代表除鸦片利益集团以外的英国公众的一般看法。

当时，由于鸦片对人类的毒害已为大多数国家的人民所认识，引起了各国政府的警惕，鸦片贸易在全球声名狼藉。传教士认识到必须同这种罪恶勾当划清界限。另一方面，由于强行输入鸦片激起了中国人民的仇恨，从而增加了中国人对于外来传教活动的怀疑。为了博得中国人对西方宗教文化的好感，传教士认为必须反对鸦片贸易。1890 年，外国传教士集会于上海，讨论在华传教问题，一致认为鸦片贸易是人类的一种罪恶，是传播西方宗教的一种障碍。大会一致通过了六项决议案，号召发动新的戒烟运动，"申述继续对鸦片贸易持反对态度"，"建议中国基督教徒尽力唤起公众舆论，反对鸦片毒害之传布，设法使之灭除"。他们成立了中国禁烟会，指导禁烟运动。上海基督教大会之后，各地传教士举办了各种戒烟所。到 1907 年，属于内地会的传教士设立的戒烟所在成都就有 101 处，太原 71 处。其他各教派在中国各城市设立的戒烟所数以千计。1906 年 5 月，担任外国传教士禁烟委员会会长的杜布斯医生与两江总督周馥晤谈时，再次请求中国政府禁止鸦片。周答应愿意将传教士的一份联合请愿书代递清廷。杜布斯立即起草了一份禁烟请愿书，寄给各地传教士，结果有 1333 人签名，足以证实在华传教士对于鸦片的一致反对态度。杜布斯收到各地复信后，于 8 月 19 日将请愿书的签名信件装订成册，送交两江总督衙门。这次传教士的联合请愿，对于清廷决策禁烟也起到了一定的促进作用。

正当在华外国传教士发起联合请愿时，英国下议院对鸦片贸易进行了一场新的辩论。1906 年 5 月 30 日，下院议员德雷发言，他说，1858 年中英条约关于鸦片弛禁的规定，是英国政府强加给中国的；鸦片的毒害已为世界所公认，而英国继续维持这种毒品贸易是可耻的；必须尽快停止这项贸易，废止关于鸦片的条约。针对类似的见解，印度部大臣约翰·莫莱辩解说，鸦片贸易之所以不能停止，是中国人利其重税，自身不努力，不是英国人的责任。"华人若欲禁烟，固吾英人之所乐从者。然据美国专员报告，知中国吸烟之风尚炽盛，未尝有欲禁者，果欲禁之，我英当不阻拒。"这些辩论说明，鸦片贸易已经很不得人心，在国际国内舆论压力下，英国政府的鸦片贸易政策有所松动和变化。中国禁烟的最大国际障碍正在逐渐消失。

英国下院关于鸦片辩论的消息第二天刊登在各家报刊上，新闻界纷纷对此发表评论。中国驻英公使汪大燮得知这个消息后，经过一段时间的认真思考，为肃清鸦片烟毒专门具折上奏清廷。他分析了以土药抵制洋药的失败，指出："设我果有禁意，英必投袂而起以表同情，可断言也。纵观前事，历历如绘。积贫在此，积弱在此，贻笑在此，受侮亦在此。禁之一说，何待再计"。对于国内"以征为禁"的鸦片政策，他一针见血地指出，这不过是徒托禁烟之美名，"但利税收，无意除害"。他还具体提出了一套包括稽查、限种、专卖和戒烟在内的禁烟方案，建议清廷尽快实施。认为"涤恶名，振国势"，在此一举。

英国印度部大臣在下院的发言，刊登在 5 月 31 日的《泰晤士报》上。这份报纸最迟在 8 月初邮寄到中国。该报驻北京记者莫理循立即将这份报纸送交清廷外务部侍郎唐绍仪。这个发言很快译成中文，"为中国人所熟知"。清廷当时对此似乎表示怀疑，没有任何积极的反应，以致莫理循认为，清廷目前无意限制他们的鸦片税收。汪大燮的奏折寄达清廷以后，这一问题才引起重视。这时的清廷受到国际国内两种压力：国际方面的压力来自各国对鸦片流毒的一致谴责。英国议会的辩论，也把鸦片贸易的责任推卸给中国政府，清廷不得不做出积极反应；国内方面的压力来自社会各界对清廷鸦片政策的谴责和统治集团内部的批评。清政府不得不承认种植罂粟抵制外来鸦片和"以征为禁"政策的失败，不得不承认必须禁止鸦片。但是，若要彻底禁烟，清廷还必须解决两道难题。其一是鸦片税厘已经成为清政府财政收入的大宗款项，适值库款支绌之时，在没有其他大宗入款的情况下，势难立即禁断；其二是英国方面有无诚意愿意停止鸦片贸易，会不会阻挠和破坏。如果英方不予配合，禁烟不能实际推行，可能成为新的国际笑柄，影响清政府的国际声誉。对于第一道难题，清廷的解决方案是：一方面下令度支部筹集新的款项抵补鸦片税厘，一方面采取逐渐禁止的方法，以 10 年为期，每年递减 1/10，同时加强征收手段，以保证鸦片税项不致因为禁烟突然中断，以避免财政困难的加剧。这种设想应当说是切合实际的。对于第二道难题，在讨论时，有的大臣怀疑英国政府的诚意，拿不定主意。最后，军机大臣瞿鸿机以汪大燮驻伦敦，主张禁烟必有把握，"议遂决"。9月 20 日，清廷谕令政务处妥议禁烟章程，禁烟运动就此拉开了序幕。

禁烟运动的主要经过

自 1906 年 9 月 20 日发布禁烟上谕，到 1911 年 10 月辛亥革命为止，清末禁烟运动持续了 5 年多时间。在此期间，清廷一面积极与英国交涉，努力寻求国际的同情和支持，一面制定和颁布了一系列禁烟章程，并认真检查执行情况。禁烟运动卓有成效。

1906 年 9 月 20 日政务处接到禁烟上谕，根据"遏绝来源，限制销路，先劝导而后惩儆，宽既往而严将来"的精神，拟订了禁烟章程，于 11 月 30 日奏请颁布施行。这一章程共有十款，大致内容是：通令各州县调查罂粟种植面积，造册逐级上报，由官府发给统一牌照，令其每年减种 1/9，九年减尽；凡吸食成瘾者，必须到附近衙署登记，领取吸食牌照，60 岁以上者发给甲牌，以下者给乙牌，没有牌照不许购吸；持甲号牌者稍宽其禁，持乙号牌者限期一律戒断，逾限不戒，注名烟籍，以示不齿于齐民之列；勒令各城乡镇的烟馆于半年内一律停歇；烟膏店必须注册登记，每年停歇一批，10 年内禁绝；提倡各地绅士成立禁烟会，劝导人们戒烟；严禁官吏吸食鸦片，逾期不戒一律参革；商请各国禁止吗啡、鸦片。这个章程就其内容来说是全面的，包括了禁种、禁吸与禁卖，比以往的任何禁烟章程都详细和具体。但禁烟的关键问题是如何对待外国鸦片，如果不能对外来鸦片实行限制和禁运，其他一切努力将是徒劳的。这个章程颁布之后，各省督抚将军立即下令关闭查封烟馆，而于禁种禁吸很少采取行动，都对中英鸦片交涉持观望态度。

1906 年 11 月 30 日，清外务部向英国驻华使馆递交了一份照会。次年元月 25 日，驻英公使汪大燮接到外务部通知后，又向英国外交部递交了一份备忘录。照会内容共有六条：①中国政府现已下令 10 年内禁绝土药，印度鸦片应当同时限制禁止，请以 1901～1905 年进口数量的平均数，自 1907 年开始逐年递减 1/10；②中国派一官员常住加尔各答检查鸦片的装运；③中国土药税已由每担 60 两增至 115 两，请将加尔各答进口税提高到 220 两；④请香港总督限制输入中国的烟膏；若继续输入，必重征其税；⑤请禁止各租界的烟馆、酒馆、茶楼、旅店以鸦片供客，以利中国实施烟禁；⑥根据 1902 年中英《续议通商行船条约》第十一款禁止吗啡任意进口的规定，俟其他国家允诺，即按约章实施。

英国外交部接到照会后，立即转交印度部，然后移交印度政府。1907 年 5 月 30 日，英国外交部收到印度政府关于鸦片问题的说略。《说略》共有十一条，主要答复中国照会的前三条，略谓印度同意中国政府禁止鸦片的方案，主张印度自己限制出口，而不赞成由中国进行限制；同意中国派代表到加尔各答调查鸦片装运事项，拒绝中国提高关税的建议。根据印度政府的这些意见，英国外交部又加上对中国照会后三条的意见，训令驻华公使朱尔典复照中国外务部。1907 年8 月 12 日，中国外务部接到复照，对于英印政府愿意协助禁烟表示感谢，对于英国的答复意见，除了对入口鸦片总数提出异议外，表示基本同意。又经过一番交涉，中国代表让步，于 1908 年 3 月，双方达成如下协议：

"第一节，印度洋药以运往各国之全数为限制，以印度出口五万一千箱之数为定额，按年递减五千一百箱，1908 年为实行之始，十年减尽。第二节，派员前往印度之加尔各答监视打包，申明该员只查发运洋药实数，并不干预他权。第三节，洋药税厘征收加倍，以土药统捐及土药价值非一时所能调查明确，所有加征税厘之议稍缓续商。第四节，香港所熬之烟膏禁止运入中国境内……并禁止烟膏由华入港之贸易。第五节，各口岸租界禁止烟馆及吸烟处，并不得售卖烟具。如华官在各项租界外实行照办，各该处工部局不俟华官之请，自行设法办理。第六节，禁止任便运入吗啡及吗啡针，一俟有约各国全允，即应照行。"同时英国还声明，禁烟限制进口先试办 3 年，届期若中国禁种禁吸没有明显成效，英国有单方面废止这个条约的权利。

清廷对于中英达成上述协议，感到相当满意，于 1908 年 3 月 22 日下令认真禁吸、禁种，禁烟运动由此掀起高潮。民政部与度支部共同拟定了《稽核禁烟章程》，针对政务处原订章程的各种措施，把期限、检查、考核和奖惩方法加以明确规定。为表示禁烟的决心和诚意，先将睿亲王魁斌、庄亲王载功等大臣暂行开缺，以示惩罚，然后派恭亲王溥伟、协办大学士鹿传霖为禁烟大臣，设立戒烟所，轮番调验地方监司，京师堂官以上大员是否戒断烟瘾，这一措施对于各级官员起了积极的警戒、督促作用。同年 8 月，吏部又拟订了《禁烟考成议叙议处章程》，这项章程对于官员认真执行禁令，积极设法禁烟，起了激励官员恪尽职责的作用。

1906 年，清廷发动禁烟运动时，对于自己的主权信心不足。禁烟本来属于中国的内政问题，清廷却认为必须得到列强的应允，致信各国寻求同情和支持。由于美国及其属地菲律宾鸦片流毒正在蔓延，美国历届政府都表示反对鸦片贸易，是最早主动同中国签订禁止鸦片贸易条约的国家之一。美国总统罗斯福得悉中国呼吁禁烟，同时又收到在菲律宾的美国主教勃兰特提请注意毒品问题的信件，立即决定发起在远东地区召开禁止鸦片会议的倡议。1906 年 10 月 17 日，美国驻英公使黎德谒见英国外交大臣葛雷时，转达美国政府意见说，美国政府很重视鸦片问题，希望美、英、中、法、荷、德、日等主要国家组成一个联合委员会，调查远东地区的鸦片问题，讨论是否应当禁止鸦片事宜，希望英国政府给予满意的答复，或提出有关建议。英国外交大臣当时回答说，禁止鸦片有损于印度政府的财政收入，"果然使吸烟积习得以扫除，则英国政府亦允将此问题加以研究，而也不计及饷源。比闻华人欲定办法限禁吸烟，诚若是也，我等自宜勉力扶助"。一个月后，英国正式答复美国公使，愿意派员调查鸦片问题。又经过一年多的国际公文来往，各国意见渐趋一致，定于 1909 年元旦在上海召开国际禁烟讨论会。

上海万国禁烟会因故推迟了一个月，于 2 月 1 日正式开幕，参加会议的有中、美、法、德、英、日、荷、葡、巴西、俄、意、奥和暹罗等 13 个国家，共 41 名代表，会场设在汇中旅馆，大会主席是美国主教勃兰特。经过 26 天的发言讨论，最后以每个国家代表一票的方法，通过了九条议案。主要内容是：肯定中国禁止鸦片的真诚努力，建议各国政府推行吸食鸦片禁令；建议各国互相禁止药用以外的鸦片或鸦片质的提制品贸易；建议各国限制使用吗啡，并防止吗啡流毒蔓延；建议各国关闭在远东地区居留地、租借地内的鸦片烟馆，禁止贩卖含有鸦片烟质的戒烟丸药。由于这次大会属于讨论性质，所通过的各项议案对于任何国家都没有直接约束力。尽管如此，这次国际会议首次把鸦片贸易作为不道德的行为来看待，形成了一致的国际压力，使英国政府及其鸦片利益集团慑于国际舆论，不便向中国横加压力破坏和阻挠禁烟运动。这次大会对于中国的禁烟运动表示了道义上的支持，有力地促进了禁烟运动的开展，造成了一个有利于中国禁烟的国际大背景。中国人民的正义斗争由此获得了广泛的国际同情和支持。

上海万国禁烟大会之后，各省督抚认为国际环境有利于中国禁烟，同时认为分期限种难于稽查，不如一律禁止行之有效，纷纷奏请缩限禁种，表示可在一二年内完成，以便提前扫除鸦片烟毒。这些要求陆续得到清廷批准。到1910年，只剩下贵州、四川、陕西和甘肃四省为限种罂粟省区，其他各省一律禁止。总的来说，各省督抚对于禁种是比较认真的，不仅每年派出许多官吏到各地巡视督察，而且还出动大批军队下乡弹压查拔，成效十分显著。清廷考虑到三年试禁期限将满，担心英国横生枝节，通令各省不得松懈，禁吸禁种一齐抓，以免功败垂成，又陆续颁布了《续拟禁烟调验章程》和《购烟执照及管理售卖膏土章程》等，督促各地切实施禁。

1911年元月，中英约定三年试验禁烟期届满，中国禁烟成绩得到了举世公认。然而，英国驻华公使朱尔典又横生枝节，以广东地方政府提高鸦片税和波斯进口鸦片有所增加为借口，向清政府提出抗议照会。清廷外务部复照驳斥说，中国各省已将土药缩限于一二年内全行禁止，禁种已获很大进展，土药已减种七成，由是鸦片价格顿涨数倍，英国商人所运鸦片箱数虽减，而获利大增，出而抗议，未免不合情理。同时答应对于其他国家进口的鸦片严格限制。英国公使向中国外务部索取"已禁七成"的证据，外务部将各省报告禁种鸦片清册展示，并请英方派员调查。英国派往中国各省的调查员，经历实地踏勘，确认禁种"成效卓著"，应允续订禁烟办法。双方于 1911 年 5 月 8 日签订了新的《中英禁烟条约》，主要内容是：英国在未满七年期限内逐年继续限制出口，到 1917 年禁止向中国输入；并应允如不到七年，有确实凭据能够证实土药绝种，则印度向中国进口的鸦片同时停止；如某省先行禁种，该省亦可停运印度鸦片；同意将进口鸦片税每担由 110 两提高到 350 两。总的来讲，英国在向中国输入鸦片问题上又做了一些让步，但并没根本改变其强行向中国输入鸦片的立场，仍然垄断着臭名远扬的毒品贸易。而清廷却对此十分满意，表示感激，再次下令督促各省于禁烟一事严加整顿，"无负友邦赞成之美意"。腐败无能的清政府，已经习惯于仰人鼻息，不懂得禁烟是中国的内政，限制各国输入毒品是自己的主权，根本无须看洋人的脸色行事。到辛亥革命前夕，即将倾覆的清政府，除了派遣代表团赴海牙参加新的国际禁烟大会之外，因忙于镇压革命，而将禁烟活动丢在一边。腐败的清王朝没有能够在灭亡前洗掉鸦片给它带来的耻辱。

3　清末禁烟的成效

清末各地的鸦片流毒程度不同，种植情况亦不同，各地禁烟侧重点自然有所不同，有的侧重于禁吸，有的侧重于禁种，有的禁吸与禁种并重。因此各省的查禁方法、步骤亦不同，统计方法也有所不同，故很难以某项统计数字显示其禁烟成效。

大致说来，在禁烟令下达之后，各省在1907年迅速关闭了各城镇数以万计的鸦片烟馆。同时开始限制吸食，到1911年时，京师戒吸的人数有2.1万人，山东有8.5万人，河南有10万人，陕西有56万人，湖南有2万人，湖北有11.7万人，浙江有22.1万人，福建有5.5万人，云南收缴的鸦片烟枪有4.6万枝。其他各省虽无确切统计，据情类推，戒吸人数肯定不少。各省禁种自1908年开始加紧进行，到1910年秋季，各省禁种罂粟的亩数当以万计。经民政部派人下乡实地踏勘，调查结果显示，直隶与山东两省禁种净尽；奉天、山西、湖北、广东省仅有零星种植；黑龙江、江苏、安徽、广西、福建五省各有二三州县尚未禁绝；河南、浙江、江西、湖南四省虽宣布禁绝，仍在个别地方发现较多种植；云南、吉林、新疆三省虽有较多种植，但大面积种植的局面已经改变；陕西、甘肃、贵州和四川四省为缩期禁种省区，其中四川基本实行禁种，其他三省计划于1911年彻底禁种。由以上简略叙述，可以看出禁烟成绩是巨大的。国内舆论认为："综观各省禁烟之成绩，欲作违心之论，谓非良好而不可得"。英国政府认为："中国于禁种一事立意诚笃，且成效卓著"。驻在北京的英国《泰晤士报》记者莫理循对于禁烟运动的成就感到惊奇。美国《拿呼美报》发表评论，称赞中国禁烟成效显著。清末禁烟运动获得的重大成就是举世公认的。

　　清末禁烟运动获得巨大成就的原因有三。其一，清除鸦片烟毒得到了人民的理解和支持。禁烟谕令和章程颁布之后，首先得到社会舆论界的积极响应。《中外日报》称鸦片之毒为中国亘古未有之奇祸，禁烟之举亦为亘古未有之大事，中国之前途荣辱系于禁烟一举。《云南杂志》认为："中国存亡之关系，即以能否驱除阿片之问题为解决"；"扫除世界之瘴烟，吸收文明之清气，柔脆萎靡之病夫，变为雄武伟大之国民，此四万万人所鼓掌而欢迎者"。各城市的市民纷纷组织禁烟会、去毒会和各种拒毒会。一些开明人士到各地发表演说，宣传鸦片危害，解说禁烟的伟大意义。一些青年学士更以新的方式走上街头向民众宣传，给禁烟运动带来了生气。1910 年，随着国内反对清朝统治的政治情绪日渐高昂，反对鸦片贸易，要求尽快清除烟毒的呼声亦越来越高。人们对清政府把禁烟期限定为 10 年强烈不满，希望缩限禁绝，强烈抗议英国政府尽力延长鸦片贸易的侵略政策。有位外国人这样描写上海的群众禁烟活动："最早禁止种植罂粟的法令颁布于 1906 年 9 月，接着是官员、绅士，最后是并非微不足道的新近出现的学生们，都积极地进行了活动。上述这些人对于努力促使舆论赞成帝国法令的劲头极大"。人民群众在禁烟运动中焕发出来的极大爱国热情，反映了日益高涨的民族民主精神，也反映了被麻醉的中国的觉醒和奋起。

　　在这次禁烟运动中，只有个别靠贩卖和种植鸦片获取暴利的人略有反抗。一般种植者和贩运者，对于自己的行为也表示忏悔，遵守禁令。那些已经染上鸦片烟瘾的人大多深自痛悔，表示要同这种不良习惯一刀两断，甚至有人为戒断烟瘾，宁可丢掉生命。至于极个别地方发生抗拔烟苗事件，主要是地方官吏方法简单，态度粗暴，办理不善造成的，并不是群众不愿禁烟。

其二，清朝各级政府重视禁烟，并制定了比较配套的禁烟章程。清廷在决定禁烟初期一度信心不足，禁烟令下达后，各省督抚由于禁烟尚未取得英国正式同意，对于能否成功表示怀疑，多数持观望态度，除令各城乡镇关闭鸦片烟馆外，很少采取其他积极行动。1908 年 3 月，中英禁烟条约的签订解除了清廷对英国的疑虑和恐惧。英国声明前三年为试验期后，为了在限期内取得实际成效，清廷对于禁烟高度重视，颁布了一系列严厉的诏令，制定了一整套禁烟章程。为便于检查和执行，颁布了《稽核禁烟章程》；为督促各级官吏恪尽职守努力禁烟，颁布了《禁烟议叙议处章程》；为清除官吏吸食鸦片的恶习，专门制定了《禁烟查验章程》和《续禁烟查验章程》，并派员专门负责查验高级官员的烟瘾；为表示禁烟的诚意，清廷公开表示不惜丢掉巨额鸦片税厘。这些决心和措施都收到了较好的效果。到 1910 年，京师经查验陈明戒断鸦片烟瘾的官员有 3229 人，各省戒断烟瘾的官员有 5399 人，有 27 人因继续吸食被参革，因戒吸鸦片而病故的官员有 136 人。清廷的这种态度与光绪初年的禁烟运动形成了鲜明的对比。光绪初年，清廷决策人物对是否禁烟拿不定主意，尽管在部分大臣的要求下，重申了以前种植罂粟的禁令，但并没有决心和诚意。既没有制定切实可行的禁烟章程，也不督促检查地方官员的禁烟行动和成效，实际是倾向李鸿章主张的种植罂粟以抵制外来鸦片的观点。光绪初年的禁烟因此归于失败。就各省地方官员而言，到清末禁烟时，除了河南、贵州和陕西等省的巡抚初期禁烟不够认真，办事拖沓外，其他各省督抚对于禁烟一事态度都比较积极认真，特别是《中英禁烟条约》签订后，山东、直隶、山西、云南、四川等省的督抚对于禁吸禁种更是雷厉风行，成效十分明显。这与光绪初年各省督抚的禁烟态度也形成了对比。光绪初年，除了西北三省督抚对禁种持比较积极的态度外，其他大多数省区都采取观望态度，几乎没有实际行动，西北各省取得的暂时的禁种成绩自然难以保持。英国驻华公使朱尔典也观察到，清末禁烟各级政府办理极为认真，"非如曩日之泄沓也"。

其三，有利于禁烟的国际环境。20 世纪初年，鸦片烟毒对人体的毒害已为世界各国人民所公认，鸦片烟毒在远东地区，特别是在中国的严重泛滥引起了各国政府关注。各国舆论一致谴责这种不道德的贸易，呼吁采取有效措施，制止鸦片流毒向其他地方蔓延，形成了一种国际压力。英国因继续维持这种不道德的贸易处境十分难堪。由于在华传教士不懈的努力，中国遭受鸦片毒害的情况不断介绍给英国人民，使越来越多的英国人民对政府的鸦片政策产生不满。鸦片问题在议院引起激烈的辩论。英国政府面对日益增多的反对意见，不能不对以往的鸦片政策有所改变。英国政府以及鸦片利益集团慑于国际舆论的压力，对于中国的禁烟行动不便横加阻挠，禁烟运动得以较为顺利地进行。

4 民国初年的禁烟措施与特点

1911 年 10 月武昌新军起义后，政治上全国处于大动荡时期，维持既得利益的统治集团在垂死挣扎，刚刚崛起的政治势力希望在决斗场上成为胜利者，此起彼伏的政治事件吸引了人们的全部注意力，禁烟问题一度被淡化。由于前清有效的禁烟，鸦片价格奇贵，为获暴利，一些人趁社会秩序大乱，开始播种罂粟，尚未禁绝种植的省区种植面积迅速恢复，其他省区的毒品生产重新复萌，广州等大中城市的鸦片烟馆犹如遇到潮湿气候的毒菌那样，一齐冒出地面。然而，禁烟运动毕竟是人民的事业，随着政治形势的明朗化，人们必定要把注意力移向鸦片。

1912 年 3 月 2 日，孙中山毅然下令继续推行前清的禁烟运动，借以达到"永雪东亚病夫之耻，长保中夏清明之风"的目的。临时大总统的这道命令除了肯定前清禁烟取得的成绩外，主要表达了临时革命政府的决心。3 月 6 日，孙中山又向内务部发出指令，说明鸦片流毒中国近百年，为祸之烈，小足以破业殒身，大足以亡国灭种。革命之后，深恐污俗熏染，要求内务部迅速整理前清有关禁烟的法规章程，转咨各都督施行。这表明孙中山对于禁烟采取了现实的态度。内务部接到命令后，立即推荐石瑛为禁烟所总理，主管禁烟事项。

3月10日，袁世凯在北京就任临时大总统，宣布在民国法律未经议定以前，所有从前施行的法律，除与民国国体相抵触各条无效外，其余仍可暂时援用，这在事实上承认了清末禁烟法令的有效性。5月，迁移到北京的参议院提议实行禁烟法，以本年年底为禁绝期。6月11日，为禁种鸦片，袁世凯发布命令，强调禁烟是为民除害的要政，各级官员必须认真执行。10月28日，袁世凯再次申令民政机关，必须禁绝种植，"违者一律治罪，官员故纵者，按其情节严惩不贷"。12月，袁世凯再次训令各省行政长官恪遵前令，按月将禁种情况报告内政部和外交部，以便考核和对外交涉，严格履行《中英禁烟条约》。此后还颁布了一道道禁烟令。大致说来，以袁世凯为核心人物的北洋政府，在民国初年是主张禁烟的。他们希望在中英10年禁烟约期内制止鸦片流毒，并为此发布了许多命令，公开表示了禁烟的决心。北洋政府的禁烟，受到了南京临时政府禁烟政策的影响，同时也继承了清朝的一整套禁烟法令和措施，还受到国际禁烟运动的督促，以及英国侵略者的要挟。软弱的北洋政府没有勇气向英国收回禁烟主权，却用军队强制实现了禁种目的。

在清末民初禁烟运动中，人民群众始终是禁烟的主要动力。随着运动的深入开展，各种拒毒会社开始走向联合。最早的联合性禁烟团体可能是中国国民禁烟会，它成立于1910年冬，会址在北京。中华民国宣告成立后，革命唤起了高昂的民族主义，人民的禁烟热情更加高涨。1912年3月27日，18个政治团体的代表在上海中国青年会召开会议，重点讨论鸦片问题。各个团体的代表相继发言，一致要求中华民国政府严禁国内的鸦片，"向英人收回禁烟主权"。1913年3月4日到8日，在北京召开了全国禁烟会议，各省均派代表参加，研究如何禁烟问题，决定派遣一个代表团到英国，要求无条件停止鸦片贸易，归还中国禁烟主权，废除《中英禁烟条约》，并将禁种日期提前到1913年6月30日。会议还讨论了成立全国禁烟联合会事宜，选举石瑛为会长，处理该会日常事务。全国禁烟联合会的成立是中国禁烟运动深入开展的重要标志之一。尽管这个联合会明显具有半官方性质，但在禁烟问题上基本能够反映民众意见。它以禁烟联合会的名义，经常批评当局的禁烟政策，提出了各种行之有效的禁烟建议，发挥了积极作用。

民初的禁烟运动借鉴了清末禁烟的经验和教训，又采取了灵活多样的禁烟措施，比较成功地完成了禁种任务，很有时代特点。民国初年的禁烟，首先大力发挥报刊的鼓动作用和舆论监督作用，不仅努力在国内热情鼓动宣传，而且积极争取国际舆论的支持。孙中山于1912年5月4日，专门致书伦敦各大报社，呼吁英国人民给予支持和声援。在国内，民国政府教育部，将鸦片的毒害编入教科书，加强对青少年的教育。

有的省区将禁烟通告散发到每一户,"以供人人传览"。有的地方当局,还组织艺人编演禁烟戏曲弹唱,扩大社会影响。例如上海著名演员孟春帆专门排演了一出名为《枪毙烟贩》的新戏以警世。各大报刊经常登载有关禁烟的消息、诗歌和杂文,劝世讽喻,影响很大。这些不同形式的宣传鼓动,造成了强大的舆论声威,迫使那些违法者不敢公开抗拒禁烟运动。宣传形式的多样化与民国初年人们政治觉悟的日益提高有关。

其次是敢于查缉洋药贩运活动。辛亥革命后,湖北处于革命党人的控制之下,民族主义情绪高昂,对于外国鸦片贩运活动,曾展开过针锋相对的斗争。例如,1912年12月19日,湖北都督府调查科员数人在襄河内发现一只民船载有大木箱26个,怀疑是军火走私,报请水警上船稽查,发现全部装的是洋药,每箱五六十斤不等,当即押解到都督府。黎元洪讯问后,即派参议胡大春率领卫兵将其解往内务司处理。该鸦片贩供称,这批烟土系汉口胡元兴土行所有,因禁烟严厉,积货难销,拟运往内河各城镇推销。这批洋药没有公栈印花,自然属于走私品,湖北都督府当即命人将其焚毁。内务司派人将26箱鸦片抬至黄鹤楼头,梁昭明太子墓前,浇上食盐,洒上洋油,堆柴燃烧后,将灰撒入江中。这对于那些惯于借洋人为护符进行猖狂贩运鸦片者是一次严正警告。1912年9月,在安庆也查获一起私贩洋药案。一位中国鸦片商私运洋药,被查问时,只拿出了营业执照,缺乏洋药运单,自然被定为私贩,予以没收、销毁。不料陡起风波,英国驻上海领事出来干涉，调动军舰示威恐吓。驻华公使朱尔典也向中国外交部发出抗议照会，要求照价赔偿，并放宽对洋药的查禁。对于这种无理的要求，中国外交部根据皖督柏文蔚的意见，据理驳复，略谓：此事纯属中国内政，与英国没有什么关系，查禁无运单的洋药，符合中英禁烟条件。英国公使自知理亏，不再提及此事。这些事件从侧面反映出民族主义情绪的高涨，地方政权的对外抗争性与前清地方政权的妥协性形成了鲜明的对比。

民国初年禁烟的显著成效

1913 年初，全国开始严格执行禁烟令，按照规定，各省必须按月向中央政府汇报禁烟成绩与情况。各地行政长官，在北洋政府的督促之下，开始下乡检查罂粟种植情况。他们采用强迫手段，调动大批军警前往查禁。湖南、安徽、浙江、直隶、山东、广西等省的都督办理禁种相当认真，很快便查明罂粟苗已拔除干净，致电中央要求限制印度鸦片入境。按照《中英禁烟条约》规定，外交部特派专员会同英国调查员到各地查访后，确信直隶、安徽、湖南、山东、广西五省禁种成效显著，没有发现一棵烟苗。英国答应从 1913 年 6 月 15 日起，洋药不再运入这些地区。1914 年，经中英双方派员会勘，确认福建、湖北、浙江、河南的烟苗也一律肃清，于当年 6 月以后也停止洋药运入该地区。到 1914 年 6 月底为止，全国已有 14 省（包括清末实现禁种的山西、四川、奉天、吉林、黑龙江）完成了禁种任务。北洋政府鉴于中英 10 年禁烟约期即将届满，下令其余省区必须尽快实现禁种目标。各省都督接到命令，也担心英国借未实现禁种，再生外交事端，饬令各属，加紧查种。已经宣布禁绝的省区也担心英国人重新履勘，专门制定细则以防再种。江苏为肃清本省烟苗，1915 年曾四次派员下乡普查。在采取了这些特别措施之后，其余各省也分别在 1916 年或 1917 年完成了禁种任务。全国禁种取得了显著成效。在这种情况下，英国政府答应履行中英禁烟条约，届期不再向中国输入鸦片。中国从而赢得了 10 年禁烟的关键性胜利。如果坚持下去，断绝中外一切鸦片来源，对于禁吸、禁运、禁卖将起到事半功倍的作用。

民国初年的禁烟运动，在禁运方面，采取了比清末更为严厉的方法。不仅非主要鸦片生产省区下令禁止鸦片输入本地，而且重要鸦片产区也设法限制鸦片出境，互相配合，大大限制了鸦片的流通。有的省督甚至不怕英国的抗议，采取有效措施限制外国鸦片输入，迫使大量洋药积存于上海土栈，无法顺利推销。外国鸦片输入数量的被迫减少，也足以证明当时的禁运禁吸取得了明显成效。按照中英禁烟条约的规定，每年递减 5100 箱鸦片，从 1912 年到 1916 年每年可以输入中国的鸦片数量分别为 25500 箱、20400 箱、15300 箱、10200 箱、5100 箱；实际每年进口的鸦片数量分别为 17031.5 箱、1055 箱、472 箱、317 箱、168箱。实际进口数量的大幅度减少，从侧面反映了中国禁烟的效果相当显著。

禁售作为禁烟的重要一环，在民国初年也采取了比清末更严厉的措施。按照民初政府的命令，取消了清末递减烟店的渐禁方案，一律予以取缔。上海都督陈其美的告示说："上海五方杂处，匿居私吸实繁有徒，倘非严密调查，重申禁令，恐我新造之共和民国，其人民程度反不如从前垂亡之满清帝国。伤心之事，莫过于斯。为此特布禁令，如有私卖灯吸者，一经查出，财产立即发封，本犯严行惩办。本都督非欲以强迫手段施之同胞，实欲除恶务尽，不欲留污点以贻民国前途之隐患。"其他各省也都执行了断禁方案，不许烟店营业，从而遏制了鸦片的流通消费环节，各地鸦片消费量急剧减少，鸦片流毒日渐减轻。由于各大城市的烟店被迫关闭，迫使各国租界内的烟店不得不采取措施，分批关闭。例如，上海公共租界的烟膏店共有580家，法租界有212家，都被迫从1915年3月开始，每半年关闭1/4，到1917年3月底各租界宣布烟店全部关闭。这说明在禁售方面也取得了相当大的成效。

在禁吸方面，民国初年的法规规定所有人必须戒绝，吸食者处以五等有期徒刑、拘役或1000元以下罚金，还要剥夺吸食者的公民权，没有选举权与被选举权。关于戒断烟瘾的人数，没有统计数字。但效果是可以想见的。由于实施了禁种、禁运与禁售，基本上遏制了鸦片的来源和流向，大批吸食者买不到鸦片，加之当时鸦片价格奇贵，非富贵人家无力吸食，绝大多数的吸食者不得不断绝烟瘾。此外，由于社会各界大力宣传鸦片危害，使公众一致认识到吸食鸦片已不是风雅行为，而是堕落犯罪，形成了一种较为良好的风气，人们对烟瘾患者嗤之以鼻，使烟疾患者感受到了社会压力，为摆脱难堪的处境，不得不痛下决心，戒断烟瘾。有的省区还对吸食者采用了过激的杀头办法，方法虽然不当，但迫使一批烟民在生命与鸦片之间进行选择，也只好戒断鸦片烟瘾。《申报》曾登载这样一首打油诗："世人都道革命好，惟有烟鬼苦死了，东躲西藏无处逃，一经查出命没了。"这首模仿《红楼梦》好了歌的打油诗，从一个侧面反映了禁吸的情况。

所有上述禁烟成效，表明在清末禁烟运动取得巨大成效的基础上，民初的禁烟运动更进一步，取得了重大胜利。从此，外国鸦片不能作为合法商品在中国任意兜售，土产鸦片也失去了合法地位。这一重大胜利是全国各阶层人民一致努力的结果。这是人类历史上向毒品宣战，并取得重大胜利，特别值得纪念的伟大事件之一。这恐怕也是北洋政府少数特别值得肯定的政绩之一。

6 收买存土风波与浦东火烧鸦片

民国初年中国实施严厉禁烟方案后，大量洋药积存于土栈，卖不出去。洋药不能顺利推销，主要是洋药价格被外国鸦片贩子哄抬到吓人的高度。1912年公班土的价格每箱银2300两，白皮土每箱为2000两；

1913 年公班土每箱涨至 4030～4180 两，白皮土为 3625～3800 两；1914 年公班土的价格每箱是 6830 两，白皮土为 6675～6925 两；1915 年继续上涨，公班土每箱价格为 10000 两白银，白皮土为 9405 两；1916 年公班土每箱涨至 13000 两白银，白皮土为 11500 两，达到了历史上从未有过的高度，花费六七两白银才能买得一两鸦片。洋药价格的无限制抬高显然是其不能顺利销售的直接原因。外国鸦片贩子一方面继续哄抬价格，一方面说鸦片积存是中国严厉禁烟造成的，为牟取暴利，暗地诱惑中国政府实施包销计划。1915 年，外国鸦片为应付哄抬价格导致鸦片积存土栈的危机，联合起来成立了洋药公所，或称沪港烟土联社，讨论如何处理积存在上海土栈里的鸦片。这些鸦片贩子一致达成协议，极力劝说为他们保险的 12 家大银行，联合向英国驻华公使、领事递书请求保护鸦片利益。英国领事、公使站在鸦片贩子及其与鸦片利益有密切关系的金融集团一边，不时向中国政府发出抗议照会，甚至调动军舰进行威胁恐吓，要求妥善解决上海存土危机。

在英国公使的抗议和鸦片贩子的暗中利诱下，1915 年 4 月 28 日，北京政府以江苏、江西、广东三省尚未完全实现禁种为名，派遣蔡乃煌为禁烟特派员前往整顿，实际任务是为袁世凯筹款和处理外国鸦片销路问题，而直接寻找洋药公所进行谈判。经过几天谈判，签订了一项合同——《苏赣粤三省禁买土烟合同》。这项秘密合同的序言说："按照 1911 年中英订定禁烟条件，印度鸦片得运入中国尚未禁绝种植及输入鸦片各省，而苏赣粤三省尚未禁绝鸦片种植及输入；按照中国律例禁止各地售卖土烟，该三省仍大量违法售卖土烟，有碍该三省内印度鸦片销售，以致沪港所存印度鸦片未能销尽，并致延缓全国鸦片之禁绝；联社（洋药公所的简称）现有孟加拉或玛尔瓦鸦片约六千箱左右，积存于沪港两地；联社欲消除该苏、赣、粤三省售卖鸦片之障碍，并愿按下述条件向中国政府交纳捐款，以补偿消除障碍所需之费用；特派员应联社之请，呈准中国政府下述条件，消除该三省售卖印度鸦片之障碍。"明眼人一看就知道，这是要中国政府设法断绝苏、赣、粤三省一切土药供应，而为洋药敞开销路，充当洋药推销员，分享推销利益。

合同共有十七条，主要内容是：外国鸦片商保证未进口的 12000 箱鸦片不复运入，已经进口堆放在沪、港的 6000 箱鸦片暂时封存。由中国特派员加贴印花后限定在苏、赣、粤三省销售，直到销完为止。外国鸦片商保证每箱印度鸦片向中国政府交纳"捐款"3500元，在合同期内交纳 6000 箱以上的"捐款"。捐款的目的在于赞助中国政府在该三省查禁土药，消除洋药推销的障碍；中国政府应保证印度鸦片售给华商以后运入苏、赣、粤任何一省或任何一地，只要贴有印花，可以畅通无阻。该三省官员必须严格限制土药买卖，保证洋药自由销售。这项合同给外国鸦片贩子造就了一次恶狠狠榨取巨额毒品收入的机会，也使北洋政府稳拿"二千一百万元"的巨额财政收入。外国鸦片贩子与北洋政府互利的前提条件是，苏、粤、赣三省人民要共同承受毒品危害和经济损失。

合同消息披露之后，国内舆论大哗。全国禁烟联合会在呈政事堂文中一针见血地指出，这项合同与民国的禁烟政策相抵触，是破坏三省禁烟的行为，讥讽禁烟特派员成了鸦片"督销员"。《正谊》杂志评论员说，现在处在共和旗帜之下，竟然演出名为查禁私烟，实则督销洋药的怪剧。这是公然破坏禁烟。苏、赣、粤三省人民纷纷上书，抨击当局破坏禁烟的行为。广东绅商联名致电内务部，反对这项合同。然而，北洋政府不顾各省反对，不顾舆论抨击，一意孤行，电饬各省立即执行。鸦片贩子得此消息，蠢蠢欲动，有的准备挂牌营业，有的准备赴京请愿，要求开放烟禁。合同公布之后，上海的鸦片商纷纷到洋药公所购货贴花，日盛一日，每日贴用印花不下 1 万余元。尽管如此，由于国内人民的一致抵制，洋药在三省的销售仍不很顺利，到 1917 年中英禁烟约期届满时，仍有 2100 箱鸦片没有卖完。

1916 年底，外国鸦片商看到鸦片贸易即将结束，不甘心退出中国鸦片市场，试图延长洋药在华的贸易期限，等待合适的机会，再设法扩大鸦片贸易。他们提出的延长洋药贸易时间的公开理由是，中国发生了帝制问题，国内商务大受影响，干扰了洋药销售，仍有一批洋药堆放在土栈中，请中国政府允许，把剩余的鸦片售完。一方面他们把洋药价格抬高到接近黄金的水平，售价已经是同等重量白银的 7 倍。外国鸦片贩子要求延长贸易时间的消息传出之后，引起中国社会各阶层的反对，各省都督纷纷致电北京，表示不能同意。北京政府也认为"不宜展限"，表示拒绝。

北洋军阀直系头领冯国璋这时为副总统，兼任江苏都督。他也不赞成展限，但以顾全鸦片商人利益为理由，建议将存土收买，作为药品发售。国务院决议，由冯国璋以江苏长官名义与洋药公所谈判。1917 年 1 月 28 日双方草签了一项《收购存烟合同》，主要内容是：1917 年 3 月 31 日前洋药公所尚存印度鸦片 2100 箱，全部由中国政府收购，每箱价格为 8200 两；洋药公所每交出一箱鸦片，按照《苏赣粤三省禁卖土烟合同》规定，向中国政府交捐款 3500 元；中国政府以民国债券收购该项存土，从第六年开始，每年归还 1/5，第十年全部还清。接着在 1 月 29 日的《收购存烟第一次补充合同》中规定以民国元年发行的 6 厘债券偿还。这一消息传出，国会议员向北洋政府提出质询，表示坚决反对，认为这一合同有辱国体。此项合同暂寝。

但洋药公所贼心不死，在冯国璋成为代总统后，又加紧活动。1918 年 1 月 8 日，冯国璋以大总统名义下令说："禁烟合同期限届满，此案亟宜速办，不能再缓，应由财政总长商同内务部办理。所有议价事宜，由财政部办理，其收土手续由内务部办理，以资结束"。内务部与财政部接到命令后，派人赴上海与洋药公所谈判，于 1918 年 6 月 11 日在京签订了《收购存烟第二次补充合同》。一方为财政总长曹汝霖，一方为洋药公所代表安得臣。这项合同共有五条，主要内容是：中国政府将洋药公所全部存土 1577.5 箱收购，按本合同订立日期以鹰洋偿还，每箱价格由8200两减为6200两；中国政府仍以民国元年的6厘债券付给洋药公所，自本合同签订之日起，10年内全部还清。

上述合同的签订，均由中国政府与上海洋药公所直接谈判，英国公使佯装不知，实际上是洋药公所的后台老板。事后，英国政府拒绝授权英国驻华大使登记这些合同，表示不予承认。实际上，如果没有英国政府的暗中支持，洋药公所自身是没有力量迫使中国高价收买存土的。

1918年6月《收购存烟第二次补充合同》签订后，上海大鸦片商协记制药公司吴引之提出包销该项存土计划，准备在三年时间内在江苏、江西、浙江、湖北四省将存土制成药膏售完。为此，内政部、财政部联合委派江海关监督为禁烟特派员，负责处理存土运销问题。这则消息传出，立即激起政治、外交风波。

美国驻华公使向中国外交部递交了抗议照会，内容略谓：美国政府获悉中国政府将存土收买，并将此项存土售给商人，此事与海牙公约精神相违背，此种举动对于中国扫除鸦片烟毒所取得的良好效果有很大损害。美国希望停止买卖洋药计划，取消收购存烟合同。英国驻北京公使也提出了"抗议"，略谓：中国政府与洋药公所议定收购合同，转售商人之事，英国政府得悉，不胜骇异。中国政府的这种行动表明对于《中英禁烟条约》未予充分重视，"是一种退步"。英国政府对此事件不负任何责任。如果中国政府履行上述合同，英国政府有权向中国、美国和英国人民说明真相。这实际是推卸英国公使在幕后支持鸦片商向中国政府施加压力的责任。中国外交部接到英、美两国照会后，立即转交财政部，财政部复照说，收买存土是为制药，以鸦片制成药品出售，各国均有，并不违背中英禁烟条约和海牙公约精神。

《收购存烟第二次补充合同》事件披露后，江苏、江西、浙江、湖北各政治团体"群起反对"。在参议院也引起激烈辩论。9月20日，参议院集会，吴宗廉代表12人提案，建议认可合同，但要求政府勒令包销商人不得制成鸦片烟膏毒害四省人民，允许制成药物使用。议员何淼森、陈介、陈懋鼎、谭雨生相继发言，认为收买存土违背国家法律，国会不能承认。参议院集会之后，又有30名议员联名于9月下旬向政府提出质问书，写得义正词严，反对收购存土，反对商人包销。北洋政府弄巧成拙，一番苦心不被侵略者欣赏，又遭到国内社会各阶层的反对，在参议院的严词质问下，被迫宣布将收买的全部存土在上海销毁，委派张一鹏为监视焚土专员。

张一鹏抵达上海后，会同地方长官、海关监督、税务司及地方各社会团体代表，于1919年元月8日开箱查验了所有鸦片。同时派人在浦东树起一座焚烧鸦片炉，于元月17日会同社会各界代表和外国客人，监视开炉焚烧，至19日全部焚完，从而正式结束了外国鸦片合法进口的历史。"大量鸦片的焚毁，是在华鸦片合法贸易史的可资纪念的最后一次"。尽管这一胜利是暂时的表面的，也是值得纪念的。

中国在长期遭受毒品毒害之后，向世界各国人民显示了坚决禁烟的决心。这是中国人民长期坚持反对鸦片贸易斗争的结果。一位外国人这样赞扬说："中国政府在公众舆论的全力支持下，完成了表面的禁烟，所花的时间比中印协定（即中英禁烟条约）所规定的和熟悉内情的人士所预料的时限都要短。值得称道的是，中国人民那股坚忍不拔的决心，他们一旦确立禁止外国鸦片进口的目标，就不达目的决不罢休！"这次火烧鸦片，同虎门销烟一样，是中国近代史上的伟大爱国事件。它表达了中国人民反对侵略，反对毒品的决心，同样值得纪念，值得讴歌！所不同的是，虎门销烟标志着近代中国人民反侵略的开端，而上海浦东焚烧鸦片标志着外国合法向中国输入鸦片时代的结束。

七 毒品的再度泛滥与当局的鸦片政策

　　袁世凯死后，中国出现军阀割据局面。各地军阀拥兵自重，连年战争，争夺地盘。为了筹集足够的军饷，他们不顾国际禁烟禁毒公约，不顾全国人民的反对，竞相开放鸦片烟禁，千方百计诱骗农民种植罂粟，以便征收高额的鸦片厘税。各种黑暗社会势力，乘政治混乱之机，从事毒品贩运活动，形成各种烟帮、匪帮。1917 年以后，鸦片的再次泛滥，曾受到国际舆论的激烈批评和嘲讽，也曾引起各阶层人民的强烈不满和反对，而北洋政府对于各种群众自发的禁烟拒毒组织发出的禁烟呼吁置之不理，绞尽脑汁制造各种鸦片专卖方案，试图垄断鸦片利税，在战场上拼个你死我活。南京政府也违背了孙中山先生的遗愿，"对鸦片下旗息战"，先是采取所谓的"渐禁"方案，后来实行"断禁"政策，但始终不能解决鸦片问题。

军阀混战与鸦片烟毒再度泛滥

　　1916 年 6 月 6 日，袁世凯在人民的唾骂声中死去，重新恢复起来的共和制度徒具形式，反袁斗争的胜利果实被大小军阀窃取，中国出现了军阀割据的局面。各地军阀占据大小不等的地盘，投靠不同的洋主子。在帝国主义的支持下，各派军阀不断为争夺地盘互相火并，使中国长期陷入军阀的黑暗统治和连年混战之中。中国的政治状况没有得到一点改善，人民生活处境更加艰难。各地军阀依靠军队维持统治，军队成为私人的武装。豢养这支军队需要足够的金钱，外国的贷款是苛刻的，田赋和税收的搜刮是有限的，各地军阀窘于筹饷，遂视鸦片为利薮，竞相开放鸦片烟禁，鼓励种植、贩运和吸食，利用罪恶的毒品掠夺社会财富，维持其统治。

在各省开放鸦片烟禁过程中，陕西起了很坏的带头作用。由于全国实施禁烟，卡断了鸦片的来源和生产，形成了求大于供的局面，鸦片价格直线上升，每两鸦片的售价是 6 两到 8 两白银，著名的"甘肃黄"鸦片每两售价 10 元左右。陕西军阀陈树藩认为鸦片肯定成为黑市上的抢手货，可以成为军饷的重要来源。1918 年，他与镇嵩军首领刘镇华商议的结果是，成立善后清查总局，制定"寓禁于征"的方案，派人四处张贴布告，声称对种植罂粟者采用分期罚款的办法。"每亩罚银六两，经费加征一成，分作二期缴纳，先将二成收清"。布告等于明白告诉人们，种植罂粟不再采用军队查拔的方法，只要老老实实交纳六两罚款和加征一成的经费，人们便可以自由种植。这是第一步。接着派遣查烟委员到各地调查种植罂粟的面积，面积越大越好，不能低于省方估计的数量。这是第二步。

第三步是征收各种名目的鸦片税。结果弄到了一笔数目可观的经费。

随着陕西烟禁的开放，各地军阀纷纷效尤，到1922年全国各地的鸦片种植区都恢复了生产。竞相开放烟禁的目的，都是为了筹集军费。然而要公开征收鸦片烟税，无疑是向公众宣战。为了逃避舆论批评，他们把要征的鸦片亩税狡猾地称为"罚金"。陕西的鸦片亩税叫"烟亩罚款"，云南的叫"烟亩罚金"，四川按鸦片种植的棵数计算，叫做"窝捐"，也有按亩计算的称作"亩税"。如此等等，名称虽殊，本质一样。在各地军阀的纵容、鼓励和胁迫下，种植罂粟面积迅速扩大，每到罂粟花盛开时节，极目原野，一片烟花景象。四川种植罂粟的面积有三四千万亩，陕西不下100万亩，云南至少有75万亩，热河种植的罂粟有5000顷，征收的烟捐多达1300余万元。其他省区的种植面积也都很大。鸦片烟税流进了军阀们的腰包，烟毒泛滥于全国各地，造成严重社会危害。粮食面积大幅度减少，产量锐减，饥荒时常发生；许多人吸食鸦片成瘾，生产力遭受极大破坏；农业日趋衰落，农村日趋破产；严重阻碍着农业的发展和进步。

各地军阀不仅强迫农民种植罂粟，征收鸦片生产税，而且竭力垄断鸦片贸易，进一步抽取鸦片利润。陕西一些地方设立"土行"，控制鸦片的收购和销售。这种"土行"既是买卖双方的经纪人，又是官方的监督者。在四川，农民生产的鸦片必须卖给曾在禁烟查缉局领有专门收买鸦片执照的"认商"。"认商"必须向禁烟查缉局按照收购的数量缴纳运销捐，内销鸦片每担征运销捐300元，外销鸦片每担征运销捐600元。内销鸦片主要批发给当地的土膏店，土膏店再把鸦片熬成鸦片膏卖给鸦片烟馆。开设烟馆要领取执照，缴纳灯捐。四川在防区按时期征收的有关鸦片税收，有烟苗税、印花税、起运税、落地税、过境税、出售税、内销税、外销税、红灯税、附加税等，好像鸦片是取之不尽、用之不竭的金库一样。从军阀官僚，到地方的恶棍流氓、土匪都寄生在鸦片上。其他地方也大都如此。

北洋政府时期，陕西、甘肃、四川、云南、贵州等省区大量生产鸦片，除供应当地居民消费外，大量运销其他省区。从鸦片主要产地到其他省区的鸦片贩运，逐渐形成了几条路线。在各条贩毒路线上活跃着各种各样的人，有挟巨资奔忙的大鸦片贩子，有军阀派出的名为禁烟、实则捞取油水的特税人员，有押运鸦片车辆的军队，有伺机抢劫的土匪，也有冒险走私的散商。在这些形形色色的人群中，最引人注目的是大大小小的烟帮。所谓烟帮，是指集体贩运鸦片者，从几十人到几百人不等。由于社会秩序紊乱，盗匪如毛，鸦片商人为了携带货物和资金的安全，往往需要结伙成行。为了防止土匪的袭击，他们身带武器，成为武装团伙。活跃在陕西到河南鸦片运输线上的烟帮主要有"商洛帮"和"西安帮"；活跃在汉中到汉口之间的鸦片团伙是"汉口帮"；来往于长江中上游的是"黄州帮"；在湘黔之间的鸦片运输线上活动的是"安顺帮",来往于滇桂之间的鸦片团伙是"百色帮";在云南元江上活动的烟帮有"逦萨帮"和"猫街帮"。除了这些大烟帮外,还有无数成群结队的小烟帮。

20年代的上海租界还出现了一个专为毒品保险的怪物,名字叫"三鑫公司"。这个公司的创始人,就是在上海横行霸道的黄金荣、杜月笙、张啸林三大亨。由于英法租界当局纵容支持贩毒吸毒,每年上海的鸦片消费量很大,走私贩运十分猖獗。上海的流氓团伙很多,黑社会势力很大,走私贩运鸦片经常被流氓团伙偷窃和抢劫,很不安全。黄金荣、杜月笙、张啸林等流氓头子看准机会,筹议开办一个公司,专为鸦片运输和收藏提供保险,收取保险费。主要办法是:鸦片商人按照贩运的鸦片数量向三鑫公司交纳10%的保险费,作为公司的收入;公司收到保险费后,发给保险凭证,加盖公司印戳;如发生失窃失盗,由公司负责赔偿。杜月笙担任公司经理,负责控制水陆码头附近活动的大小流氓组织;张啸林为副经理,负责对付外来流氓团伙;范回春负责经费开支;黄金荣负责与法租界巡捕房的联系。"三鑫公司"开办后,果然平息了鸦片经常失窃被劫事件,得到了鸦片商的信任。本来,流氓团伙是上海社会秩序的破坏者,在这里却成为鸦片生意的维护者。上海的各种流氓团伙一方面积极参与和支持鸦片走私、贩运和吸食,一方面又千方百计偷窃和劫夺鸦片,破坏鸦片生意,这是一种相互矛盾的现实行为。为了从中寻找出解决矛盾的方案,调解彼此的利害冲突,为鸦片走私贸易提供保险业务的公司应运而生。保险公司的设立一面满足了最大的流氓团伙的嗜金欲，一面又为鸦片商人较为顺利地从事贩毒活动提供了较为安全的条件，彼此之间相互利用，共同支撑着上海鸦片业的繁荣，畸形的经济造就了畸形的保险机关。社会秩序的破坏者扮演了社会秩序维护者的角色，抢夺鸦片的流氓成为鸦片生意的保护人，这是一种多么奇特的历史现象！

　　清末民初厉行禁烟，那种烟馆林立、土膏店星罗棋布的局面一度被改变，这种谋财害命的罪恶行业被严厉取缔，不法商店老板受到制裁。而在军阀割据时期，烟店烟馆重新出现，遍布各城乡镇，毒品营业的繁荣景象在有些地方超过了清朝的鸦片贸易合法时期。在上海，小型的鸦片烟馆叫做"燕子窠"。法租界是这种"燕子窠"的天下，1927年有6000余家，1928年达到8000余家。在天津，鸦片烟馆公开林立，警察很少出面干涉。1927年湖南长沙有7000余家烟馆，远远超出鸦片合法贸易时期。其他各大城市大都如此。毒品泛滥情形由此可以想见。

　　毒品的再度泛滥，引起了国际社会的关注，英国公使几次发出抗议照会。北洋政府总是发布一些虚张声势的禁烟令，并不采取行之有效的措施。由于政治失控，对于西南军阀种植鸦片，北洋政府固然不能负完全责任，但对其辖区内的烟毒泛滥应当负有不可推卸的责任。北洋政府是全国内战的罪魁祸首，也是开放鸦片烟禁的罪魁祸首。

　　人民群众对于鸦片烟毒的再度泛滥坚决反对。

1924 年 8 月 5 日，中华国民拒毒会成立。参加该会的有 30 多个群众组织，主要有：中华高等教育会、中华基督教协进会、中华教育改进社、环球学生会、万国禁烟会、上海总商会、全国医药会、红十字会、日报公会、律师公会、男女青年会、世界佛教居士林、中华卫生教育会、中华民国学生联合会等。中华国民拒毒会成立之后，立即致电各社会团体，呼吁掀起全国性的禁烟拒毒运动，彻底肃清鸦片烟毒，并向各省区军事长官发出通电，希望他们采取措施，制止毒品泛滥。通电发出之后，社会各阶层人民热烈响应，纷纷组织拒毒分会，数月之间，有 251 个拒毒分会成立。群众自发的拒毒运动在 1924 年到 1925 年间形成了一个高潮。

② 国民政府前期的鸦片政策

1924 年 11 月，为建立一个真正的民主的统一的共和国，结束军阀统治，孙中山提议召开国民会议，他不顾个人安危，抱病前往北京，与段祺瑞、张作霖谈判。途经天津，一位拒毒会传教士谒见孙中山，征询他对国内拒毒运动的看法。孙中山借此机会全面系统地阐述了自己的禁烟主张。他首先深刻分析了禁烟与建立良好政府的关系，指出："予之意见，认中国之禁烟问题与良好政府之问题，有连带之关系。鸦片营业，绝对不能与人民所赋予权力之国民政府两立。但在政府当局，对于廉政之设施，未能实现民治之威权以前，于达到有效之禁绝，殊非可能"。这是孙中山对鸦片流毒愈演愈烈，中国政府历次禁烟失败教训的最深刻总结。的确，鸦片是一个社会问题，又是一个政治问题。从乾隆年间鸦片开始大量输入中国，就与腐败的政治统治粘连在一起。鸦片作为政治腐败的伴生物，往往标志着政治腐败的程度，政治愈腐败，鸦片流毒愈严重。腐朽的统治集团愈奢靡，国家法令愈松弛，违法乱纪行为愈严重，鸦片贩销吸食愈公开。孙中山把鸦片问题的根本解决寄希望于一个良好政府的建立，是很有道理的。

1927 年，北伐军打到长江，占领南京、武汉。上海的中华国民拒毒会发表宣言，呼吁全国禁烟，同时向国民政府递交了禁烟请愿书，请求采取"断禁"的方案，彻底禁止毒品的贩运、吸食和生产。当时的国民政府为筹措军费，决定继续采用"寓禁于征"的方法，由财政部拟订《禁烟暂行章程》，于 1927 年 9 月公布。主要内容是：禁止外国鸦片等毒品输入，禁止栽种烟苗，限制吸食；戒烟药品（即鸦片）由特许商专卖，特许商按照规定向政府纳税，方可营业。要求吸食者每年递减 1/3，完全是一句空话。这个章程与孙中山的禁烟主张是不一致的，它的核心内容仍是实行鸦片专卖。

财政部的《禁烟暂行章程》公布之后，立即激起社会各阶层人民的反对。中华国民拒毒会发表宣言，表示抗争。宣言指出："鸦片为帝国主义侵略工具，为官僚军阀生存之命脉，实三民主义之劲敌，亡国灭种之祸根。惟按目下之禁烟计划观之，则不但与三年禁绝之政策背道而驰，更与总理遗训势不两立。土豪劣绅横行罔忌，奸商市侩投机作祟。揆诸革命本旨，将何以自解？将何以自白？言为福国，实为祸国；言为利民，实以害民。此等设施，实正如总理拒毒遗训所谓民意之公敌，卖国之行为也"。这种尖锐抨击，可谓一针见血，毫不留情。与此同时，上海市民拒毒大会通电，国际联盟通电，全国工友通电，全国农民通电，全国各阶层人民一致敦促国民政府改变鸦片专卖计划，"勿以禁烟为名，而行抽税之实"，要求在三年时间内彻底禁绝鸦片。短短一个月内，反对鸦片专卖的声浪遍及全国。在这种情况下，国民政府于11月1日召开第十二次国府常务会议，讨论通过了一个修正禁烟条例草案，以《国民政府修正禁烟条例》为名，予以公布。该条例共有二十条，除了增加取缔吸食场所和审判程序外，与财政部的章程基本相同，实行鸦片专卖的内容没有改变。这表明南京政府并未认真听取公众意见，没有禁烟的诚意。

《国民政府修正禁烟条例》公布之后，激起社会各界不满。浙江人纷纷集会，发表演说，抗议国民政府的倒行逆施。1927年11月14日，省政府委员马寅初以《反对今日之禁烟办法》为题发表演讲。他按照孙中山的禁烟遗训，说明鸦片营业，绝对不能与人民所赋予权力的国民政府两立，明确指出修正禁烟条例是违反民意的。1928年1月4日，他在另一次演讲中说："兄弟认为禁鸦片为第一个大问题，我们天天读总理遗嘱，说三民主义、五权宪法，可是鸦片不禁止，人人将成为鸦片鬼，还讲什么民族主义，金钱尽为鸦片而消耗，还讲什么民生主义。我在职一天，必反对到底，毫不妥协"。浙江省政府公开反对南京当局的鸦片专卖政策，发表通电，要求中央收回成命，并在第五十七次省政府委员会议上，决议改组本省禁烟机关，退还鸦片商所缴的保证金，制定和颁布地方禁烟法规，以实际行动反对鸦片专卖，得到社会好评。

由于各界一致反对，迫使国民政府改变禁烟政策，于1928年8月成立禁烟委员会。禁烟委员会由国民政府委员和禁烟团体的代表组成，主要成员有：蒋介石、冯玉祥、阎锡山、李宗仁、李济深、何应钦、李登辉、张之江、李烈钧、薛笃弼、蔡元培、王宠惠、钮永建、马寅初等人。禁烟委员会成立之后，首先决定废止《国民政府修正禁烟条例》，采用严禁鸦片方针，颁布了《禁烟法》和《禁烟法施行条例》。这两个法令于9月17日公布。《禁烟法》共有七条，规定：以1929年3月1日为限期，全国一律禁止吸食，废止修正禁烟条例，裁撤各地禁烟局所。《禁烟法施行条例》共分七章十九条，是具体实施方案。这两个法令尽管比较粗疏，但它的禁绝鸦片的方针是值得肯定的。它改变了十年来名为禁烟，实为筹饷的纵毒政策。禁烟委员会成立后的第二件事是筹备召开了全国禁烟会议。1928年11月1日，全国禁烟会议在南京召开，到会代表70余人，内有禁烟委员会委员11人，各省政府代表20人，各禁烟团体代表9人，各省商会代表9人，特邀专家6

人，各军事长官代表 6 人，各特别市代表 4 人。会议分为 5 个专题组（即禁种组、禁运组、禁售组、禁吸组、总务组），对于全国提交的 130 余项提案进行了认真讨论，通过 44 项提案，转交行政院妥拟具体施行办法。会议还发表了《全国禁烟会宣言》，表达了中国人与鸦片宣战到底的决心。

全国禁烟会议闭幕之后，为贯彻此次会议禁烟方针和精神，根据大会通过的各项禁烟提案，禁烟委员会对于禁烟法重新进行审议和修正，补充制定了一些新法令，呈交立法院讨论通过。据统计，自 1929 年初到 1930 年底，在两年时间里公布的禁烟法令有 16 种，涉及麻醉药品的管理、调验公务员、县长查禁烟苗、邮件检查、禁烟考绩条例等。规定每年 6 月 3 日为全国禁烟纪念日。如果按照这些规定认真执行的话，应当收到较好的效果。然而在事实上又是另一回事。国民政府不仅没有彻底禁烟的能力，而且缺乏禁烟的诚意。

按照 1929 年《禁烟法》和 1930 年《禁烟法施行规则》的规定，在国民政府的控制区内，应当取缔一切毒品，杜绝鸦片的产、运、销，撤销一切鸦片税收机关。而事实上鸦片税收机关不仅在各地依然存在，而且还有新的发展。广东 1929 年恢复禁烟局，推销鸦片的方法和 1927 年前一模一样。山西军阀阎锡山借修筑同蒲铁路需要经费为名，1932 年将原来的禁烟考核事务所改为禁烟考核处，实行鸦片官卖，公开的理由是抵制外省鸦片输入。1932 年，蒋介石亲自批准成立

"两湖特税处"，试图控制途经湖南、湖北的鸦片运销税。国民党当局暗中支持御用班子，继续策划鸦片专卖方案。甚至连禁烟委员会也公开主张改变"断禁"的方针，缓禁鸦片。主张缓禁鸦片，是一种倒退行为，等于公开纵毒。国民党政府完全可以预料到严重后果，然而为了筹措内战经费，竟然不顾国家安危，不顾人民死活，仍出此策，实令人愤慨。1933年，吴铁城的一位清客，广东人杨永泰因吸毒成瘾，与上海的广东鸦片商郑寿芝等人过从甚密，经常在一起讨论鸦片问题。当时蒋介石几次"围剿"苏区失败，正设法筹措军费，准备对鸦片特税实行统制，苦于找不到合适的借口。杨永泰不失时机地献上了"削藩论"，主张以禁烟为名，实行禁烟督察计划。这个计划立即被蒋介石采纳。

3 蒋介石的禁烟计划与实施情况

20世纪30年代初，世界毒品蔓延更加严重，不仅殖民地半殖民地的远东国家和地区毒品泛滥严重，而且西方发达国家的毒品传播速度也十分惊人。人们惊呼，毒品蔓延犹如流行感冒那样无法控制，把吸食毒品称为"现代病"。毒品销路日增月盛，走私贩卖之徒遍及全球。为了对付毒品问题，国际间每年都举行禁烟禁毒会议。1931年在日内瓦召开了限制制造及调节分配麻醉药品会议，1932年召开了第15届国际禁烟会议，从1933年开始，国际禁烟会议改为每年春、秋召开两次。连续举行的国际禁烟禁毒大会，都要讨论中国的毒品泛滥问题，中国的代表每次都受到尖锐地质问，作为中国代表，几乎无地自容。国际的压力也迫使南京当局重新考虑禁烟对策。

1934年春，蒋介石亲自坐镇南昌，指挥对工农红军的第四次"围剿"。在国际国内一致反对鸦片禁令松弛声中，他采纳了杨永泰的建议，决心借禁烟为名，加强其军事独裁地位。他提出了"两年禁毒，六年禁烟"口号，取消了设在汉口的特税处，任命亲信李鸿基为禁烟督察处处长，控制豫、鄂、皖、赣、闽、湘、苏、浙、陕、甘10省禁烟行政。禁烟督察处直隶于军事委员会，设处长、副处长，下设监察处、会计处等。设立禁烟督察处，对于蒋介石来说，除了控制鸦片特税，为自己的军队筹足军费这个目标之外，还有一个很主要的目的，就是借成立禁烟督察处，组训一支特务性质的武装，借以监控地方行政、军政长官。邱开基与戴笠的势力都是这样崛起的。

禁烟督察处的成立，使军事委员会成为禁烟禁毒的最高行政机关，标志着禁烟权集中于军事独裁者蒋介石手中。中央禁烟委员会是一个非实权机关，虽然在呼吁禁烟，制定法规方面不无成绩可言，但作用的确不大。蒋介石要抓禁烟权，就觉得原来的中央禁烟委员会在名义上作为禁烟的最高机关碍手碍脚了。1935年6月，裁撤了禁烟委员会，设立禁烟总会，蒋介石兼任总监，办理全国禁烟事宜。尔后陆续公布了《禁烟治罪暂行条例》、《禁毒治罪暂行条例》、《禁烟禁毒考成规则》、《禁烟调验规则》、《公务员调验规则》等等。于是，禁烟运动在蒋介石的亲自控制下真真假假地在全国范围内开始推行起来。

从1935年开始，蒋介石以军事委员会委员长兼禁烟总监的特殊身份，开始督令各省军政长官实施禁令，并由行营派出大批公开的特派员到各地督察，同时派出大批军统特务到各地侦探，寻找打击异己的理由和机会。缉私团、查缉队、保安团等各种组织活动在蒋介石势力能够达到的地区，大批毒犯被枪毙，大批走私案件被查获，造成了一种令人恐怖的气氛。据内政部不完全统计，从1935年到1937年共查获烟毒案件94925起，牵涉案犯129778人，判处死刑的有2378人。利用军队、警察和特务查缉烟毒案件，枪决大批毒犯，对于烟毒势力有很大震慑作用，有利于禁吸、禁种、禁售、禁运的开展。每年登记领照吸烟的人数达数百万之多，戒吸人数数十万。例如江苏省到1936年10月，就登记吸食者305432人，戒吸者有127935人；河南到1936年8月共登记吸食者102237人，戒吸的有15339人，设立戒烟所101个。禁种方面也有一定成效，据统计1934年四川、云南、贵州、陕西、甘肃、绥远和宁夏罂粟种植面积有235883公顷，鸦片产量为5855671公斤；1936年减为80570公顷，1937年减为16277公顷，鸦片产量减为1611698公斤。按照这些统计，从1935年开始实施的"二年禁毒，六年禁烟"计划是有一定成效的，至少是在有些省区取得了较大进展。

1937 年 7 月，日军对华发动全面侵略战争，国民党相继弃守上海、无锡、苏州、安阳、太原等大中城市，向西南溃退，迁都重庆，很快又丢弃杭州、镇江、芜湖、南京、济南和青岛等。国民党统治区迅速缩小，中华民族处于生死存亡关头，抗战成为压倒一切的首要任务。蒋介石以抗战紧张，专心军事为由，通电解除了禁烟总监的兼职，命令禁烟总会改隶内政部，禁烟督察处改隶财政部，要求按既定方针，继续完成六年禁烟任务，禁烟禁毒运动又进入新的时期。表面上禁烟禁毒运动继续进行，实际成效很小。到 1940 年草草宣布完成了六年禁烟毒任务，声称剩下的工作是扫除余毒，所以在 1941 年颁布了《肃清烟毒善后办法》。抗战时期，国民党的统治区没有完成禁烟禁毒任务。抗战胜利后，蒋介石再次颁布《肃清烟毒善后办法》，仍然没有起到任何实际作用。事实证明，国民党没有能力完成中国的禁烟禁毒任务。

八　日本的毒化政策与沦陷区的鸦片烟毒

　　正当国民党政府在国际国内舆论压迫之下，为实施蒋介石提出的两年禁毒六年禁烟计划，真真假假、轰轰烈烈加紧开展禁烟禁毒运动时，日本帝国主义发动了全面侵华战争，很快侵占了华北、华中和华南的大片领土。日本法西斯为了长期占领中国，奴役中国，在沦陷区一方面加紧武力镇压，一方面极力推行毒化政策，企图从肉体上彻底摧毁中华民族，从精神上消灭中国人的反抗意志。他们公开践踏国际公约关于限制、禁止毒品的规定，实施鸦片专卖制度，用武力强迫中国人服食毒品。他们不仅在沦陷区纵毒，掠夺财富，而且还向未占领区派遣大批毒品贩子，执行毒化政策与侦探军事情报任务。这种灭绝人性的行为擢发难数。

1931 年前的走私贩毒活动

　　如果说 1909 年 2 月举行的上海万国禁烟会是一种

讨论性质，对于与会国没有直接约束力，日本作为与会国可以不负责任，那么在 1912 年海牙举行的禁止鸦片贸易的国际会议上，日本代表是签了字的，应当承担限制和禁止毒品的义务。《海牙鸦片公约》规定："各缔约国均应制定法律，管理吗啡、海洛因、高根及其他化合质料之制造，贩卖、使用以供医药及正当需要为限，并应禁止未经政府特许之人，为此项麻醉药品之一切授受。又，各缔约国均应采取有效办法，使凡由此国之领域、殖民地、租借地运输吗啡、海洛因、高根及其他化合质料时，非输入国政府特许之个人或行家，不得成交。"日本政府无法逃避《海牙鸦片公约》规定的义务。此后，海牙的历次禁烟大会，日内瓦的历次禁毒大会都对与会国应当承担的禁止毒品走私贸易有明确规定，日本政府不应当无视国际公约，纵容、支持毒品走私。日本法西斯势力无视国际公约，为了配合其"大陆政策"，一步步制定了毒化政策，派遣大批特务，携带大批毒品，潜入内地，散布毒品，收集军事情报。继英国之后，日本成为在中国兜售毒品、谋财害命的主要凶犯。

1931 年以前，日本强盗在中国东北贩卖鸦片、吗啡等毒品的方式可以分为两种，一种是官卖，一种是私卖。官卖毒品制度是由关东都督府制定的，后来的关东厅继续办理。官卖毒品机构，名义上隶属大连的宏济善堂，实际不受任何约束。宏济善堂分为慈善部和戒烟部。戒烟部在行政事务上是完全独立的，与宏济善堂没有任何实际关系，不过是借宏济善堂掩人耳目而已。戒烟部内设鸦片总局，置理事及职员多人，由大连民政署长推荐，呈报关东厅厅长委任。民政署长监督、指挥戒烟部事务，重大事情报告关东厅厅长裁决。戒烟部的鸦片总局设在大连的爱岩町。鸦片来源的途径有两种，一是由三井物产购入，二是收购当地土产鸦片。戒烟部按照时价把鸦片批发给特卖商和小卖商。特卖商先将一部分款项交给关东厅，数量不限，可以随时提取；小卖商持有民政署所发的执照，按照提取一定数量的鸦片。根据当时的统计，关东厅吸食鸦片的人有 2785 人，限制吸食量每日为一钱，总计每年可以消费 6120 斤。实际上，关东厅每年征购的鸦片数量，远远大于消费需要量。从 1916 年到 1920 年，关东厅卖出的鸦片至少有 127840 斤，关东厅内 5 年需要消费的鸦片只有 30600 斤，超出消费量的鸦片，走私进入了中国东北，这是人所共知的事实。

日本人在中国各大通商口岸公开兜售毒品，或者开设鸦片烟馆，或以行医为名兜售吗啡。据海关报告，自 1929 年 7 月 1 日到 1931 年 6 月 30 日，共查获日本船只贩毒案件 104 起，缴获毒品 73249.9 两，价值白银 328899 两。同一时期查获的日本人用其他工具走私的案件有 68 起，毒品价值白银 125781 两。在查获的贩毒案中，有一案牵涉日本在华洋行、商店 200 余家，另外一案揭露出一家日本洋行贩毒价值高达 460 万日元。由此可见日本人的走私贩毒规模和猖狂程度。日本毒品贩子如此猖狂，是因为得到了日本政府的庇护和支持。日本的毒品走私贩一旦被查获，日本驻华公使或领事总是借治外法权，庇护毒犯。

例如，济南日侨华北洋行的猪狩寅治、回春药房的大森繁、长隆洋行的金奈、泰隆公司的生驹清秋、天地洋行的田岛定铺、义清洋行的清古伴七、济南公司的野中喜代治、山浦洋行的山浦虎雄等 8 家商行，长期制造、销售毒品，肆无忌惮。1929 年 8 月 21 日，经山东交涉员会同警局警官及日本领事馆职员前往各家搜查，当场查获大批毒品和制毒工具。8 月 26 日，中方交涉员致函日本领事，要求惩处罪犯，复照中国。日本领事复函声称，所有日本人依日本法律治罪，而不告知处理结果。

再如，河北省昌黎县有日本商人 9 名，他们以行医为名，到处兜售吗啡、高根、海洛因等烈性毒品。这 9 名毒犯被中国地方官查缉捕获后，被驻扎在山海关的日军强索释放，仅仅科以微薄罚金。这 9 名毒犯继续贩毒，"一如往日"。1929 年 6 月 3 日，中国外交部致函日本领事馆，说明昌黎不是通商口岸，日本人不得在此营业，更不允许走私毒品，请日本领事勒令这 9 人离开昌黎。此项交涉没有结果。

福州高节里 5 号设有烟馆。1930 年 8 月 15 日，中国地方官依法取缔，贴上封条。日本领事先是说这家烟馆与日本人无关，后来又说这家烟馆是台湾人侯意所开的海产店，派人将封条揭去，公开破坏中国的禁烟禁毒行政事务。1931 年，福州另一家烟馆被取缔，日本领事又派人将封条揭去，加上日本领事馆的封条，公开庇护日本毒犯。中国外交部提出抗议，日本公使馆置之不理。

这类案件很多，都一致说明日本毒品贩子肆无忌惮地向中国贩毒，是受本国政府支持和保护的。向中国走私运送毒品，是日本侵略政策的一个组成部分。这些活动是在中国政府的统治区内暗中进行的。与此同时，日本政府还在其租借地公然支持贩毒活动。沈阳的日本租借地有鸦片烟馆 200 余家，吗啡馆 10 余家；长春的日本居留地有烟馆 500～1000 家；安东的日本居留地有烟馆 2000～5000 家，吗啡馆 21 家。东三省的鸦片、吗啡、海洛因的消费中心点都在日本居留地内。大量事实说明，在 1931 年以前，日本已经代替英国，成为向中国推销毒品的凶犯，日本军国主义头子及其毒品贩子已经成为中国人民的死敌。

伪满洲国的鸦片专卖制度

1931 年 9 月 18 日，日本帝国主义突然发动战争，强占中国东北三省，并且向世界要了一个新花招，他们不使用公开吞并和宣布保护权之类的 19 世纪以前惯用的粗暴方法，而制造了一个完全受其操纵的政治组织，并且为这个组织穿上了主权国家的外衣。"满洲国"生存了 14 年，日本人在这个地方所做的事，不仅是单纯地操纵一出所谓的独立政治实体的滑稽戏，而且在事实上已将其变成为进一步侵略中国的基地。日本帝国主义在此推行的鸦片专卖制度，成为"基地"建设的重要组成部分，在当时有很大效用。

就全国范围来讲，东北三省在清末种植罂粟的面积不算很大，实施禁种比较容易做到，所以当时该地区的禁种成绩十分显著。北洋军阀统治时期，为了筹集内战经费，纵容罂粟种植。张作霖设筹济总局，管理种植罂粟，按亩征收鸦片烟税。但这时生产的鸦片主要是满足东北地区消费者的需要，运往内地数量并不大，其危害较之日伪统治东北时期也不算大。

1932 年 9 月，日本的傀儡政权——伪满洲国政府成立了鸦片专卖筹备委员会，同年 11 月 30 日公布了一个鸦片条例。1933 年正式成立鸦片专卖公署。在这个公署之下，设立专卖署和分署 32 处，另设奉天鸦片烟膏制造厂和大满号、大东号两个公司，管理鸦片的生产、加工和销售。伪满洲国的鸦片专卖内容主要是：由"政府"划定许可种植罂粟区域，按定价收买生产出来的鸦片，然后分配给持有特许证的大鸦片批发商，再由这些批发商分售给持有特许证的零售商。零售商卖给的对象名义上限于登记的吸户。当时宣传的这种制度的目标是，通过限制吸食，使吸毒者和种植面积逐渐减少，直至鸦片根绝。实际上这完全是骗人的鬼话！

根据 1940 年的统计，"法律"许可的罂粟种植区域所种面积，1933 年为 941000 公顷，1934 年为 1066000 公顷，1935 年为 690000 公顷，1936 年为 880000 公顷，1937 年为 1030000 公顷，1938 年计划缩减为 710000 公顷。这些数字不能认为是详尽的，但就此而论，罂粟的种植面积很大，种植面积不是在减小，而是在扩大。同样，伪满洲国收买的鸦片数量逐年提高，1933 年为 340 万两，1934 年为 660 万两，1935 年为 760 万两，1936 年为 1030 万两，1937 年为 1350 万两。

伪满洲国的《鸦片法》虽然规定禁止吸食毒品，但在事实上并没有限制措施。对于吸食毒品，不但不干涉，而且是竭力提倡和鼓励。吸食鸦片者在东北得到一个吸烟证，如同得到一个护身符。因为只有吸毒，才不会引起日本人的注意。在日本人看来，吸食毒品成瘾的人如同废人，缺乏反抗精神，是真正的"顺民"。在这种情况下，东北到处都是罂粟花，到处都是鸦片烟馆。1933 年登记吸烟的人数有 56894 人，1937 年增加至 811005 人。日军第九师团的一项内部报告，也做了与上述数字基本一致的估计："三千万民众中有百分之三吸食鸦片，其数约达九十万人。"这种大规模的纵毒，使近百万人丧失劳动力，失去民族反抗意识。同时日伪政府从鸦片的专卖中每年获取大量收入，1932 年的鸦片岁入为 19409637 元，1936 年 37692641 元。这笔巨额收入，又被用于对中国的侵略战争。

日本占领中国东北之后，一方面在东三省实行鸦片专卖制度，极力推销鸦片，麻醉沦陷区人民的反抗意识，搜刮战争军费，以战养战；另一方面派遣大批鸦片走私贩，深入内地省区和沿海通商城市，散布毒品，搜集情报，为进一步扩大对华战争做准备。这种毒辣的毒化政策，尽管至今尚无日方的正式公文作证，但其阴谋意图昭然若揭，正所谓司马昭之心，路人皆知。当时就有人指出："日本帝国主义进占东北以后的中心政策是，只要土地，不要人民。"所以，对于东北的民众，除了残暴地屠杀以外，还拼命推行毒化政策。1939年6月3日，蒋介石在纪念林则徐虎门销烟纪念会上，将日寇的毒化政策概括为："敌寇知道（军事镇压）这种摧残，断断不能消灭诸位同胞的抵抗精神，反而同仇敌忾的情绪必然更加激昂，所以他就双管齐下，施用毒化政策，尽量制造烈性毒品来倾销，企图使诸位同胞，人人都投到自杀路上，只要几年工夫，所有中毒的人，都成了冢中枯骨，自然不会抵抗，那时他便可高枕无忧，安闲宰割。同时，敌寇更因作战以来，他们的国内经济已败，竭泽而渔，快要山穷水尽，眼看就不能支持，所以要想从我们沦陷区域同胞身上搜刮，但又明知我们同胞不会甘心贡献，因此就利用它在东北四省和察绥等省强抢来的烟，以及加工制造成的吗啡、金丹、白丸等烈性毒品，来吸收我们民间的法币，以便套取外汇，购买军火，将我们同胞的财富来补充它要崩溃的经济。"这段话大致可以概括1932年以后日寇所推行的毒化政策的基本内容和目的。

从1932年开始，日本在东北推行鸦片专卖政策的同时，还派遣大批特许鸦片商到中国内地，推销吗啡、海洛因、高根、红丸、金膏等各种各样的烈性毒品。在这些毒品贩子中，有许多人是一身二任，兼为日军特务。他们以"治外法权"为护身符，背靠日本战刀和领事，在华北地区，在沿海通商口岸，明目张胆地推销毒品，收集军事情报。在这些受日本领事庇护的

147

毒品贩子中，有地地道道的日本人，也有先期被奴役的台湾人和朝鲜人。这些坏蛋一旦被拘捕，当地的日本领事就会出面干涉。当日军虎视眈眈，准备伺机夺取华北，乃至全中国时，由于战争气氛的不断加重，衰老的古都——北平，商店、银行接连倒闭，百业凋谢，唯独毒品交易异常兴隆，一平方公里的面积里就有 13 家专营烈性毒品的商店，每日从这些商店里向外散布着海洛因、吗啡和红丸等。经营这种毒品生意的，大都是日本人，有的是领事官员的雇用者，有的是日本军部的贩毒侦探。他们公然无忌，就是被捕，也毫无愧疚之色。他们怀揣着"治外法权"的护身符，从未受到中国法律的惩罚。

3 1937～1945 年间日寇的纵毒政策

1937 年日寇发动全面侵华战争以后，随着占领区的扩大，曾经公布了一个《十年断禁方策纲要》，声称要对罂粟的种植进行限制，对于吸食者加以更有效的管理。在占领区设立了很多"戒烟"医院。这些医院主要是收治那些已经戒断烟瘾的人，经过"治疗"，戒断烟瘾的人大部分重新开始吸食毒品。这哪里是"医院"，分明是诱骗吸毒的招待所。沦陷区内，毒品的运销、吸食很少受到限制。罂粟的种植面积进一步扩大。四平、吉林各被指定栽种罂粟 400 公顷，奉天为 200 公顷。此外还鼓励占领区大量种植。日本侵略军 1940 年占领豫北，立即贴出布告说："现届秋令，正值烟苗播种时期，为此布告各村民众，及时播种，将来烟苗成熟，照章纳税，准予按时价随便售卖，决无限制。仰即播种，勿失时机为要。切切此布。大日本军水治镇宣抚班。"这才是日本毒品政策的真相。

华北、华东、华南各大城市沦陷之后，立即被日伪政权变成毒品消费的中心。日寇占领南京以前，作为首都，国民党政府曾采取很多措施，清除其鸦片烟毒。虽不能说在1937年沦陷以前已经根绝了烟毒，但在很大程度上打击了烟毒势力的嚣张气焰，吸食毒品人数迅速减少，"六年禁烟"期的初期已经取得很大成效。日寇兽蹄践踏南京后，大规模屠杀南京居民，扶植傀儡政权，实施毒化政策，使南京很快成为烟毒弥漫的世界。1939年11月，金陵大学副校长发表《南京毒物调查报告书》，说南京已有1/3的人口吸食毒品，有的儿童也成了瘾君子。南京城内有两个机关与毒品有密切关系。这两个机关就是日军特务部和汪伪政府。属于日军特务部控制的大毒品商店有30多个，汪伪政权的鸦片商店有17家。南京城内到处都是鸦片烟馆，烟馆按月按灯纳税，3灯者每月50元，6灯者100元，9灯者150元。汪伪政权每月的鸦片灯税不下300万元。南京在大屠杀之后，又遭毒品攻击，每日中毒死亡者不下数十人。

武汉被占领后，毒品泛滥也很严重。《新华日报》说：各种毒品"绝对统制在敌人特务部的手里，自运输以至熬制和贩卖完全由敌人一手经营。燕子窠（即小鸦片烟馆）和售吸所没有敌人的同意，或日本浪人的主持，是不容许设立的。在贩运方面，敌人设有大规模的运输组织；在熬制方面，敌人也立有专门的部门。私运、私制、私吸一律须受严罚。于是在敌人特务部、宪兵、浪人、汉奸、流氓等的指挥和保庇之下，鸦片烟、海洛因、红丸、白面，大批的从敌人兵舰、运输船和轮船上头，涌进汉口三镇，再运到周围各城乡镇去，而其毒害遂遍及远近了"。日军在武汉设立的大大小小的售吸所，专门雇用无耻的汉奸、流氓为经理。武汉的毒品完全垄断在日寇手中，毒化政策完全由敌寇特务部制定。

在济南，商业街道已很难见到中国的商店，大都贴上了侵略者的标签。每个日本商家的玻璃窗上都张贴着销售麻醉品的广告。有些交通不大方便的巷子里，也住满了兜售毒品的日本浪人。他们很谦恭地招待着骨瘦如柴的中国患者，引诱他们靠近死神的祭台。人们从这里经过，可以随时闻到鸦片烟的气味，可以随时看见缭绕的烟雾。此外在上海、天津、张家口、苏州、杭州、开封、石家庄、包头等大中城市，日寇的毒化伎俩无所不用其极。其罪恶目的，无非是消弭中国人的反抗意志，搜刮战争经费，"以战养战"。

总的来说，从1937年到1945年，中国的毒品泛滥仍很严重。在国民党的统治区，由于政治上的腐败，各种机关上欺下骗，破坏禁毒法令，所取得的成效不像宣传的那样显著，但毕竟是在限制和减少；而日本占领区内，日伪当局对于禁烟禁毒不仅没有采取任何措施加以限制和禁止，而是千方百计推行毒化政策，因而烟毒泛滥空前。"敌寇不但要亡我国，而且要灭我种。东北、华北以至侵略所及的地方，大规模的强迫我们同胞吸毒，鸦片、白面、红丸、海洛因、吗啡等纵横交织，这是中外周知的铁一般事实"。

九 新中国的禁烟成就
与禁烟对策

　　1949 年 10 月 1 日，中华人民共和国宣告成立。经过一百多年的英勇奋斗，流血牺牲，中国人民赢得了伟大胜利，结束了长时期被压迫，被奴役的历史。新的领导，新的契机，中国有了新生的希望。1950 年 2 月 2 日，政务院发布严禁鸦片烟毒的通令。为了扫除鸦片烟毒给中国带来的灾难和耻辱，亿万人民积极行动起来，在短短的两年时间内，在中国大陆迅速扫除了鸦片烟毒，创造了人间奇迹。这一胜利，标志着被麻醉的中国彻底觉醒。

从麻醉中奋起

　　鸦片烟毒对于近代中国危害极大，它不仅严重摧残了中华民族的身心健康，使炎黄子孙蒙受了一百多年"东亚病夫"的羞辱，而且使中国的经济遭受了巨大损失，严重阻碍了中国近代化的步伐。鸦片烟毒是殖民强盗和帝国主义进攻、侵略中国的武器，又是中国反动统治集团麻醉、奴役人民的工具。鸦片造成了150多年的罪恶。1949年10月1日,天安门广场上万众欢腾,欢庆新中国的诞生。渴望光明、渴望独立、渴望自由的人民挣脱了枷锁的束缚,强烈要求清除旧社会的罪恶,鸦片烟毒自然成为扫除的主要目标之一。

中国共产党人对于鸦片烟毒的宣战始于1931年,中华苏维埃共和国临时政府一成立,就颁布了《赣东北特区苏维埃暂行刑律》,关于鸦片烟罪的条文规定:种植罂粟、贩卖鸦片烟毒、开设鸦片烟馆,处以死刑至三等有期徒刑;吸食者处一等至三等有期徒刑;制造吸食工具者,处四等以下有期徒刑。这是对鸦片烟毒采取"断禁"的方案。1935年红军长征到达陕北,为适应全国禁烟禁毒运动,对鸦片烟毒也采取了渐禁的方案,实行了鸦片专卖,限制吸食鸦片烟毒。1940年与国民党统治区同时采取了对鸦片烟毒的断绝方针,颁布了《陕甘宁边区禁烟禁毒条例》,取得了很好的效果,并为新中国成立后发动群众扫除鸦片烟毒积累了初步的经验。

彻底扫除鸦片烟毒是中国人民150多年来的强烈愿望。荡涤旧社会的污泥浊水,洗刷"东亚病夫"的羞辱,清除毒品犯罪,有利于树立新政权的权威和形象。1950年2月24日政务院发布严禁鸦片烟毒的通令,在全国可以控制的范围内立即掀起了一场声势浩大的禁烟禁毒运动。政务院的通令是明确的。

"一、各级人民政府协同人民团体,作广泛的禁烟禁毒宣传,动员人民起来一致行动。在烟毒较盛地区,各级人民代表大会应把禁烟禁毒工作作为专题讨论，定出限期禁绝办法。二、各级人民政府为使禁烟禁毒工作进行顺利，得设禁烟禁毒委员会。三、在军事已完全结束地区，从1950年春起，应禁绝种烟；在军事尚未完全结束地区，军事一经结束，立即禁绝种烟，尤应注意在播种以前认真执行。在某些少数民族地区如有种烟者，应斟酌当地实际情况，采取慎重措施，有步骤的进行禁种。四、从本禁令颁布之日起，全国各地不许再有贩运制造及售卖烟土毒品情事。犯者不论何人，除没收其烟土毒品外，还须从严治罪。五、散存于民间之烟土毒品，应限期令其交出。我人民政府为照顾其生活，得分别酌予补偿。如逾期不交出者，除查出没收外，并应按其情节轻重分别治罪。六、吸食鸦片的人民限期登记，并定期戒除。隐不登记者，逾期而犹未戒除者查出后予以处罚。七、各级人民政府卫生机关，应配制戒烟药品，及宣传戒烟戒毒药方，对贫苦瘾民得免费或减价医治。烟毒较盛的城市，得设戒烟所。八、各大行政区人民政府（或军政委员会）、中央直辖省市人民政府各按本地区情况，依据本禁令方针，制定查禁办法及禁绝种、吸日期，呈报中央人民政府政务院批准施行。并于批准后，印发布告，进行广泛深入的宣传教育工作。"

政务院严禁鸦片烟毒的通令发布后，立即得到人民群众的热烈响应和支持。群众自觉自愿地投入了禁烟禁毒运动，他们相互启发教育，控诉鸦片烟毒对中国造成的罪恶，提高禁烟禁毒的认识；相互鼓励和监督，形成了戒绝鸦片烟毒的社会压力。例如，察哈尔省采用了"以回忆和算账来比较吸烟前后生活和地位"的方法，启发教育吸食者。该省过去由于国民党统治和日本帝国主义实行毒化政策的结果，共约有10万人染上了吸食鸦片的不良嗜好，经过教育，到1950年3月就有3万人自觉戒除了烟瘾。绥远省在国民党统治时期，在日本占领时期，吸食鸦片的风气非常盛行，村村都有很多烟民。1950年该省各县，甚至一些村庄，都设了戒烟所，群众自觉前往戒烟。河南省也是鸦片烟毒的重灾区之一，据1950年统计，贩运吸毒者有81379人，占总人口的3%。该省结合地方政权的建立，加强禁烟禁毒的基层宣传，发动群众揭发烟毒贩子，批评吸食者，抽调省直干部到鸦片烟毒重灾区检查禁烟情况，采取教育与强制相结合的方法，使大批吸毒者戒绝了毒瘾。同时根据"大案从严，小案从宽；惯犯从严，偶犯从宽；今后从严，过去从宽"的禁毒方针，集中力量打击毒品贩子，造成了很大声势。到1952年10月，共破获烟毒案件12795起，逮捕毒犯5971人，收缴各种制毒、贩毒工具36447件。其他各省市的禁烟运动也都开展得很有声势。例如，重庆登记毒犯11540人，逮捕1741人；中南区共缴毒品284000两，登记毒犯30675人。天津、北京、上海、沈阳、南京、广州等地也都镇压了一批毒犯。截至1952年9月18日，共拘捕37232名，收缴毒品674165两，禁烟禁毒取得决定性胜利，创造了人类禁毒史的奇迹，标志着中国的彻底觉醒和奋起。

2 破坏中国禁烟的三大邪恶势力

从 1796 年正式禁止鸦片输入，到 1952 年，中国人民反对鸦片烟毒的斗争持续了 157 年。在这 150 余年的禁烟禁毒史上，有三大邪恶势力始终是中国禁烟的阻力。这三大邪恶势力，在不同时期起着不同的破坏作用，扮演着不同的角色。它们尽管在争夺鸦片税利上经常互相斗争，而在纵毒危害人民，破坏中国政府的禁烟法令上所起的作用是一样的。

外国侵略强盗，是中国鸦片流毒泛滥的祸根。鸦片输入中国的历史非常久远，最初输入中国的鸦片主要用于医药，属于正常的国际交往。自从葡萄牙人占领澳门，荷兰人占据台湾，开始大规模输入鸦片，鸦片贸易便具有了海盗殖民性质。英国东印度公司垄断鸦片贸易之后，侵略强盗性质更加明显。英国殖民强盗蔑视中国禁烟法令，公开武装走私鸦片，甚至发动一场大规模的国际战争以维持可耻的鸦片贸易，进而迫使清政府承认鸦片贸易合法化，使鸦片的毒害达到了极点，中华民族的身心健康遭受严重摧残，经济上也造成了难以估计的损失。20 世纪初年，在世界各国人民的强烈谴责下，英国的鸦片势力开始退衰，接踵而至的日本军国主义势力野心勃勃地制定了"大陆政策"，不顾人间道义，强行向中国推行毒化政策，犯下了滔天罪行，直到第二次世界大战结束为止。除了英、日之外，在近代中国（1840～1949）110 年的历史中，充当鸦片势力帮凶角色的，还有法国人、美国人、俄国人、印度人和葡萄牙人。中国近代史上的许多大事件，都与鸦片问题联系在一起，不仅由于鸦片问题中国走向了半殖民地的苦难深渊，中国的主权遭受严重破坏，而且因为鸦片贸易榨干了中国人民的血汗，极度破坏了资金的积累和生产力，使民族经济难以振兴，阻碍了中国近代化的步伐。只有根除鸦片烟毒，中国才有振兴的希望。从林则徐、魏源、黄爵滋、包世臣、洪秀全、洪仁玕、杨秀清，到郑观应、王韬、薛福成、马建忠、郭嵩焘、梁启超，从孙中山、蔡元培、马寅初到毛泽东、周恩来，都希望尽快肃清鸦片烟毒以振兴中华。然而，中国的每一次禁烟，几乎都遭受外国侵略强盗的极力阻挠和破坏。外国侵略势力是中国禁烟的最大障碍，不排除外国侵略势力设置的重重障碍，中国无法彻底实施禁烟计划；不打倒外国侵略势力，中国无法完成禁烟任务。一百多年中国禁烟失败的历史事实和新中国一成立就迅速扫除烟毒，无可辩驳地证明了这一点。

不法官僚军阀起了为虎作伥的作用。早期殖民强盗向中国非法输入鸦片的主要手段是通过贿赂海关官员、兵弁进行的，没有贪污受贿的官吏、兵弁，也就没有鸦片的走私贸易。鸦片战争以前，难以遏止的鸦片走私贸易均由官吏受贿枉法所致。鸦片弛禁时期（1859～1906）各级官吏纵毒取利。清末民初禁烟时期，不法官吏军警弄法舞弊。特别是军阀混战时期，不法官僚、军阀公开破坏烟禁，为筹措内战军费，他们极力纵毒取利，成为最大的祸害。国民党统治时期，虽曾多次颁布禁令，提倡禁烟运动，而收效不大。固然由于国民党政府权要人物缺乏禁烟的诚意，同时也由于国民党统治的腐败，官僚、军阀对于国家禁令阳奉阴违，以种植生产鸦片，贩运毒品为其税源，或强迫人民扩大种植面积，或设厂制毒，或动用飞机、军舰、汽车等现代化的交通工具贩毒走私，或包庇烟毒贩子，致使禁烟法令、条例成为一纸空文。国民党统治时期的历次禁烟失败，除了日本帝国主义干涉破坏外，还由于官僚军阀的干扰破坏。不根除政治腐败，不能杜绝毒品传播；欲消灭鸦片烟毒，必须根除政治腐败。

土匪、流氓和烟毒贩子团伙是传播鸦片烟毒的媒介，没有这种黑社会势力，鸦片烟毒无从传播扩散。鸦片战前，外国鸦片贩子通过贿赂沿海官吏、兵弁，将鸦片运送到沿海城市，但无法将鸦片运送到内地，交到吸食者手中。于是，一批土匪、流氓和不法商贩受雇于大小窑口，负责向内地运销鸦片，邪恶势力与邪恶的贸易联系在一起。外国鸦片贩子，受贿纵毒的不法官员和兵弁、土匪、流氓、不法商贩互相勾结，狼狈为奸，三位一体共同危害中国社会。鸦片贸易合法化之后，邪恶势力与鸦片贸易结合得更加紧密，上海崛起的大流氓团伙依赖于鸦片生意，邪恶的经济滋生了邪恶势力，黄金荣、杜月笙、张啸林、叶清和等流氓发家史，无不与鸦片等毒品有密切的关系。北洋军阀统治时期，内战频繁，政治混乱，土匪流氓势力滋生、膨胀，烟帮、土匪、流氓结合起来，贩毒吸毒，抢劫火并，社会秩序极为混乱。不法烟毒贩子奔走城乡，传播毒品，引诱良家子弟，直接毒害人民，同样起着助纣为虐、为虎作伥的作用。不消灭土匪、流氓等黑社会势力，社会不能安定，鸦片不能根绝。

上述三种邪恶势力互相勾结，狼狈为奸，干尽罪恶勾当。外国鸦片势力或借助贿赂手段，通过关卡，将鸦片运到近海城市；或以武力强迫清政府接受自杀的毒品；或借"治外法权"为护身符，深入内地纵毒。腐败官吏和腐败政权，或借放纵毒品收受贿赂，或借"寓禁于征"与强盗合伙推销毒品取利。黑社会势力为牟取暴利，勾结不法官员与外国强盗，四处推销鸦片，杀人取利。不驱除外国侵略势力，中国不能独立，无法清除鸦片贩毒；不改变腐朽统治，政治不清明，无法杜绝鸦片烟毒走私；不消灭黑社会势力，社会不安定，无法防止鸦片烟毒死灰复燃，恶习蔓延。

3 禁止鸦片烟毒的对策

毒品泛滥，人称世界"现代病"，是 20 世纪人类面临的重大社会问题之一，也是 21 世纪继续缠绕人类社会的痼疾，所以，各个国家都将面对毒品的挑战，都需要研究对策。总结近代中国人民反毒品斗争的经验和教训，可以为正在开展的反毒斗争提供值得参考的对策。

其一，必须坚决维护国家的独立。110 年的中国近代史，是中华民族饱受外国侵略势力欺凌压迫的历史。中国人民近代遭受的苦难和屈辱，主要是外国侵略造成的；近代毒品的泛滥完全是帝国主义列强强卖鸦片、吗啡、海洛因和高根等毒品造成的；近代中华民族身体素质的下降，也是帝国主义列强驱使鸦片恶魔造成的；近代中国经济的衰败，也是鸦片破坏生产力的结果；中国近代的每一种苦难，都与鸦片密切相关。中国欲独立富强，不能不消灭毒品；而中国不独立，无法彻底消灭毒品，根绝祸源。在近代，许多先进的中国人为消灭鸦片烟毒，争取国家独立而呼吁呐喊，英勇捐躯。在当今，为了防止鸦片烟毒的死灰复燃，必须维护国家的独立和民族的安全，这是每一个中华人民共和国公民义不容辞的责任。

其二，必须防止政治腐败。毒品传播是一个非常复杂的社会问题。大体说来，人们服用毒品有两种原因：一是因为一些人思想苦闷，病魔缠身，需要借服用毒品，麻醉精神，求得暂时的安乐；二是因为形成了一种病态习尚，达官贵人、富家子弟以服用毒品为荣，败坏社会风气，相习成风，不以为耻，反以为荣。官僚追求奢侈的生活方式，必然导致政治腐败。不贪赃枉法，不能维持穷奢极欲的生活。所以，毒品传播与政治腐败密切相关。历史事实告诉我们，1796年到1840年的毒品泛滥是政治腐败造成的，1918年以后的毒品泛滥在很大程度上也是政治腐败造成的。不根除政治腐败，就不能有效防止毒品再度蔓延。

其三，必须严惩不法毒犯。中国的鸦片流毒有一个发生发展的过程。当毒品最初造成社会危害时，如果能引起清政府的高度警惕，使用国家机器予以严厉打击，是有可能将鸦片烟毒消灭在萌生状态的。可惜由于清廷的腐败、愚昧，贻误了时机。待到英国大举东侵时，想杜绝鸦片走私贸易已不可能了。吸食鸦片等毒品成瘾，是一种很难革除的恶习，一旦泛滥成灾，再设法制止，困难很大，没有十倍、百倍的努力，就没有明显的成效。清末民初禁烟的成功与失败，国民党政府历次禁烟的失败，原因多种，有法不依，弄法玩法，对烟毒犯罪分子不能坚决打击，不能不是重要原因之一。只有严厉惩治各种毒品犯罪活动，才能防止毒品蔓延；只有采用从重打击措施对付大毒品贩子，才能遏制毒品的进一步泛滥。惩治烟毒犯罪，既要严厉打击直接参与者，更要严惩幕后策划者，对于国家公务员利用职权从事贩毒活动，必须处以极刑，以儆效尤。

其四，加强社会宣传。毒品问题是一个现实的社会问题，每一个民族，每一个国家，都不能躲避它，掩盖它。政府必须使用积极的方法，防患于未然。动用各种舆论工具，宣传鸦片烟毒对个人、对家庭、对社会、对国家的危害，可以起到免疫的效用。广泛的社会宣传，可以使人人懂得毒品的危害和禁烟禁毒的意义，人人承担其反对毒品的责任和义务。广泛的社会宣传，不仅可以唤醒吸毒者已经堕落的道德观念，还可以对国家机关的行为实行有效的监督，有利于禁烟禁毒法令的推行和贯彻，可以起到事半功倍的效果。

其五，促进国际合作。毒品传播在过去，在现在都是一个国际问题，要想制止毒品对全人类的危害，必须加强国际间的合作。由于烈性麻醉毒品体积小，价值高，走私贸易可以牟取暴利。国际贩毒集团组织严密，装备先进，交通工具发达，通信联络方便，走私毒品活动十分猖獗，可以同时在数国兜售毒品。为了防止毒品传播，必须建立持久的稳定的国际联系，必要时，共同采取一致的行动，对国际贩毒团伙实施毁灭性打击。尽管国家之间有社会制度的对立，有意识形态领域的鸿沟，但在毒魔面前，各个国家都应携起手来。

此外，还可以胪举一些具体的对策，供专家们研讨。此处不宜多说，以免浪费读者的时间，仅以孙中山1924年的一段遗训作为本书的结束语：

中国之民意，尤其是守法安分纯洁之民众，其意见未有不反对鸦片者。苟有主张法律准许鸦片营业，或对鸦片之恶势力表示降服者，即使为一时权宜之计，均为民意之公敌。今日国内情形至为恶劣，拒毒运动之进行，备受艰阻，以致成绩甚微，然对鸦片之宣战绝对不可妥协，更不可放弃。苟负责之政府机关为自身之私便及眼前之利益计，对鸦片下旗息战，不问久暂，均属卖国之行为。总之，对于鸦片之祸害，不论何种形式之降伏，均可谓蔑视国民之良心主张。

　　新中国的禁毒禁烟成就，是人民共和国的光辉篇章之一。在平息了 30 年之后，毒品问题再次摆到我们面前。改革开放为建设有中国特色的社会主义带来了勃勃生机，国家的建设成就和国力的空前增强，已举世皆知。正像打开窗户会飞进来苍蝇、蚊子一样，对世界的开放，也使我们面临着外国毒品对中国的再度袭击。尽管今天的社会环境与旧中国已根本不同，但面对毒品问题的死灰复燃，我们却不可掉以轻心。从 1987 年以来，毒品问题又成为我们社会关注的热点。有关烟毒再次传入的警讯，已多次为传媒所报道。毒品不仅严重困扰着西方国家，而且在中国也开始有迅速蔓延的趋势。有资料证实，当今世界吸用毒品人数已达 4000 多万人，范围遍及五大洲。在毒品这一全球性社会公害的挑战面前，许多国家长期以来一直在设法打击，然而始终未能找到一个根本禁绝的办法。毒品泛滥日趋严重，毒品交易是世界上仅次于军火交易的第二大买卖，年交易额高达 5000 亿美元。面对毒品的挑战和在中国的死灰复燃，有必要重温近代中国历史，尤其是旧中国烟毒泛滥和历届中国政府禁烟禁毒的经验教训。我们相信，中国人民在摆脱帝国主义侵略之后，在实现强国之梦的过程中，是有能力、有办法迎接烟毒的挑战的。

参考书目

1. 李圭著《鸦片事略》，载《鸦片战争》第 6 册，神州国光社，1954。

2. 胡绳著《帝国主义与中国政治》，人民出版社，1953。

3. 范文澜著《中国近代史》上册，人民出版社，1955。

4. 牟安世著《鸦片战争》，上海人民出版社，1982。

5. 汪敬虞著《赫德与近代中国》，人民出版社，1987。

6. 王宏斌著《清代货币比价研究》，河南大学出版社，1990。

7. 于恩德著《中国禁烟法令变迁史》，文海出版社，1973。

8. 束世澂著《中英外交史》，商务印书馆，1929。

9. 来新夏著《北洋军阀史稿》，湖北人民出版社，1983。

10. 《旧上海的烟赌娼》，百家出版社，1988。

11. 《拒毒运动指南》，中华国民拒毒会，1938。

《中国史话》总目录

系列名	序号	书　名	作　者
物化历史系列（28种）	24	寺观史话	陈可畏
	25	陵寝史话	刘庆柱　李毓芳
	26	敦煌史话	杨宝玉
	27	孔庙史话	曲英杰
	28	甲骨文史话	张利军
	29	金文史话	杜　勇　周宝宏
	30	石器史话	李宗山
	31	石刻史话	赵　超
	32	古玉史话	卢兆荫
	33	青铜器史话	曹淑芹　殷玮璋
	34	简牍史话	王子今　赵宠亮
	35	陶瓷史话	谢端琚　马文宽
	36	玻璃器史话	安家瑶
	37	家具史话	李宗山
	38	文房四宝史话	李雪梅　安久亮
制度、名物与史事沿革系列（20种）	39	中国早期国家史话	王　和
	40	中华民族史话	陈琳国　陈　群
	41	官制史话	谢保成
	42	宰相史话	刘晖春
	43	监察史话	王　正
	44	科举史话	李尚英
	45	状元史话	宋元强
	46	学校史话	樊克政
	47	书院史话	樊克政
	48	赋役制度史话	徐东升
	49	军制史话	刘昭祥　王晓卫

系列名	序号	书名	作者
制度、名物与史事沿革系列（20种）	50	兵器史话	杨毅 杨泓
	51	名战史话	黄朴民
	52	屯田史话	张印栋
	53	商业史话	吴慧
	54	货币史话	刘精诚 李祖德
	55	宫廷政治史话	任士英
	56	变法史话	王子今
	57	和亲史话	宋超
	58	海疆开发史话	安京
交通与交流系列（13种）	59	丝绸之路史话	孟凡人
	60	海上丝路史话	杜瑜
	61	漕运史话	江太新 苏金玉
	62	驿道史话	王子今
	63	旅行史话	黄石林
	64	航海史话	王杰 李宝民 王莉
	65	交通工具史话	郑若葵
	66	中西交流史话	张国刚
	67	满汉文化交流史话	定宜庄
	68	汉藏文化交流史话	刘忠
	69	蒙藏文化交流史话	丁守璞 杨恩洪
	70	中日文化交流史话	冯佐哲
	71	中国阿拉伯文化交流史话	宋岘

系列名	序号	书名	作者
思想学术系列（21种）	72	文明起源史话	杜金鹏　焦天龙
	73	汉字史话	郭小武
	74	天文学史话	冯时
	75	地理学史话	杜瑜
	76	儒家史话	孙开泰
	77	法家史话	孙开泰
	78	兵家史话	王晓卫
	79	玄学史话	张齐明
	80	道教史话	王卡
	81	佛教史话	魏道儒
	82	中国基督教史话	王美秀
	83	民间信仰史话	侯杰
	84	训诂学史话	周信炎
	85	帛书史话	陈松长
	86	四书五经史话	黄鸿春
	87	史学史话	谢保成
	88	哲学史话	谷方
	89	方志史话	卫家雄
	90	考古学史话	朱乃诚
	91	物理学史话	王冰
	92	地图史话	朱玲玲
文学艺术系列（8种）	93	书法史话	朱守道
	94	绘画史话	李福顺
	95	诗歌史话	陶文鹏
	96	散文史话	郑永晓
	97	音韵史话	张惠英
	98	戏曲史话	王卫民
	99	小说史话	周中明　吴家荣
	100	杂技史话	崔乐泉

系列名	序 号	书 名	作 者
社会风俗系列（13种）	101	宗族史话	冯尔康 阎爱民
	102	家庭史话	张国刚
	103	婚姻史话	张 涛 项永琴
	104	礼俗史话	王贵民
	105	节俗史话	韩养民 郭兴文
	106	饮食史话	王仁湘
	107	饮茶史话	王仁湘 杨焕新
	108	饮酒史话	袁立泽
	109	服饰史话	赵连赏
	110	体育史话	崔乐泉
	111	养生史话	罗时铭
	112	收藏史话	李雪梅
	113	丧葬史话	张捷夫
近代政治史系列（28种）	114	鸦片战争史话	朱谐汉
	115	太平天国史话	张远鹏
	116	洋务运动史话	丁贤俊
	117	甲午战争史话	寇 伟
	118	戊戌维新运动史话	刘悦斌
	119	义和团史话	卞修跃
	120	辛亥革命史话	张海鹏 邓红洲
	121	五四运动史话	常丕军
	122	北洋政府史话	潘 荣 魏又行
	123	国民政府史话	郑则民
	124	十年内战史话	贾 维
	125	中华苏维埃史话	杨丽琼 刘 强
	126	西安事变史话	李义彬
	127	抗日战争史话	荣维木

系列名	序号	书名	作者	
近代政治史系列（28种）	128	陕甘宁边区政府史话	刘东社	刘全娥
	129	解放战争史话	朱宗震	汪朝光
	130	革命根据地史话	马洪武	王明生
	131	中国人民解放军史话	荣维木	
	132	宪政史话	徐辉琪	付建成
	133	工人运动史话	唐玉良	高爱娣
	134	农民运动史话	方之光	龚 云
	135	青年运动史话	郭贵儒	
	136	妇女运动史话	刘 红	刘光永
	137	土地改革史话	董志凯	陈廷煊
	138	买办史话	潘君祥	顾柏荣
	139	四大家族史话	江绍贞	
	140	汪伪政权史话	闻少华	
	141	伪满洲国史话	齐福霖	
近代经济生活系列（17种）	142	人口史话	姜 涛	
	143	禁烟史话	王宏斌	
	144	海关史话	陈霞飞	蔡渭洲
	145	铁路史话	龚 云	
	146	矿业史话	纪 辛	
	147	航运史话	张后铨	
	148	邮政史话	修晓波	
	149	金融史话	陈争平	
	150	通货膨胀史话	郑起东	
	151	外债史话	陈争平	
	152	商会史话	虞和平	
	153	农业改进史话	章 楷	
	154	民族工业发展史话	徐建生	
	155	灾荒史话	刘仰东	夏明方
	156	流民史话	池子华	
	157	秘密社会史话	刘才赋	
	158	旗人史话	刘小萌	

系列名	序号	书名	作者
近代中外关系系列（13种）	159	西洋器物传入中国史话	隋元芬
	160	中外不平等条约史话	李育民
	161	开埠史话	杜 语
	162	教案史话	夏春涛
	163	中英关系史话	孙 庆
	164	中法关系史话	葛夫平
	165	中德关系史话	杜继东
	166	中日关系史话	王建朗
	167	中美关系史话	陶文钊
	168	中俄关系史话	薛衔天
	169	中苏关系史话	黄纪莲
	170	华侨史话	陈 民 任贵祥
	171	华工史话	董丛林
近代精神文化系列（18种）	172	政治思想史话	朱志敏
	173	伦理道德史话	马 勇
	174	启蒙思潮史话	彭平一
	175	三民主义史话	贺 渊
	176	社会主义思潮史话	张 武 张艳国 喻承久
	177	无政府主义思潮史话	汤庭芬
	178	教育史话	朱从兵
	179	大学史话	金以林
	180	留学史话	刘志强 张学继
	181	法制史话	李 力
	182	报刊史话	李仲明
	183	出版史话	刘俐娜

系列名	序号	书名	作者		
近代精神文化系列（18种）	184	科学技术史话	姜 超		
	185	翻译史话	王晓丹		
	186	美术史话	龚产兴		
	187	音乐史话	梁茂春		
	188	电影史话	孙立峰		
	189	话剧史话	梁淑安		
近代区域文化系列（11种）	190	北京史话	果鸿孝		
	191	上海史话	马学强	宋钻友	
	192	天津史话	罗澍伟		
	193	广州史话	张 苹	张 磊	
	194	武汉史话	皮明麻	郑自来	
	195	重庆史话	隗瀛涛	沈松平	
	196	新疆史话	王建民		
	197	西藏史话	徐志民		
	198	香港史话	刘蜀永		
	199	澳门史话	邓开颂	陆晓敏	杨仁飞
	200	台湾史话	程朝云		

《中国史话》主要编辑
出版发行人

总 策 划　谢寿光　　王　正

执行策划　杨　群　　徐思彦　　宋月华
　　　　　　梁艳玲　　刘晖春　　张国春

统　　筹　黄　丹　　宋淑洁

设计总监　孙元明

市场推广　蔡继辉　　刘德顺　　李丽丽

责任印制　岳　阳